"十三五"国家重点出版物出版规划项目

国家出版基金项目
NATIONAL PUBLICATION FOUNDATION

汉语韵律语法丛书

冯胜利 端木三 王洪君 主编

汉语三音节韵律问题研究

崔四行 著

本书受教育部人文社会科学基金资助
项目编号：13YJA740009

北京语言大学出版社
BEIJING LANGUAGE AND CULTURE
UNIVERSITY PRESS

© 2018 北京语言大学出版社，社图号 18238

图书在版编目（CIP）数据

汉语三音节韵律问题研究 / 崔四行著 . -- 北京 ：
北京语言大学出版社，2018.12
（汉语韵律语法丛书 / 冯胜利，端木三，王洪君主编）
ISBN 978-7-5619-5388-4

Ⅰ．①汉… Ⅱ．①崔… Ⅲ．①现代汉语－音节－韵律
（语言）－研究 Ⅳ．① H116.3

中国版本图书馆 CIP 数据核字 (2018) 第 273438 号

汉语三音节韵律问题研究
HANYU SANYINJIE YUNLÜ WENTI YANJIU

排版制作：北京创艺涵文化发展有限公司
责任印制： 周燚

出版发行：北京语言大学出版社
社　　址：北京市海淀区学院路 15 号，100083
网　　址：www.blcup.com
电子信箱：service@blcup.com
电　　话：编 辑 部　8610-82303647/3592/3395
　　　　　国内发行　8610-82303650/3591/3648
　　　　　海外发行　8610-82303365/3080/3668
　　　　　北语书店　8610-82303653
　　　　　网购咨询　8610-82303908
印　　刷：北京虎彩文化传播有限公司

版　　次：2018 年 12 月第 1 版
印　　次：2018 年 12 月第 1 次印刷
开　　本：880 毫米 ×1230 毫米　1/32　　　印　　张：7.25
字　　数：158 千字
定　　价：59.00 元

PRINTED IN CHINA

总　序

我国学者对韵律的关注有着悠长的历史。《毛诗序》说："情发于声，声成文谓之音。"这是古人区分随意的"声"与有序的"音"的最早论述。《荀子·乐论》云："（先王）故制《雅》《颂》之声以道之，使其声足以乐而不流，使其文足以辨而不諰，使其曲直、繁省、廉肉、节奏，足以感动人之善心……"这是古人用声律来区分雅俗、节奏的千年古训。

在中国古代的节律研究史上，对韵律规则关注最细密、阐述最清楚的莫过于南朝的沈约[1]。他说："欲使宫羽相变，低昂舛节，若前有浮声，则后须切响，一简之内，音韵尽殊，两句之中，轻重悉异。"（《宋书·谢灵运传论》）这里的基本精神与当代韵律学创始人 Liberman 的"相对轻重论"[2]是一致的。当然，沈约也自知局限："韵与不韵，复有精粗，轮扁不能言，老夫亦不尽辨此。"（《答陆厥书》）稽古鉴今，从 Liberman "相对轻重论"发展出来

---

[1] 沈约（441—513），字休文，吴兴武康（今浙江德清）人，南朝史学家、文学家。他在给陆厥的信中说："（古人）虽知五音之异，而其中参差变动，所昧实多，故鄙意所谓'此秘未睹'者也。以此而推，则知前世文士，便未悟此处。"

[2] M. Liberman. *The Intonation System of English*. PhD dissertation, MIT, 1975.

的当代节律学（metrical phonology）给了我们辨识"韵之精粗"的现代工具。①

古代的韵律不仅涉及发音，还事关语法。最早触及这个题目的当属唐代的孔颖达。他在《毛诗正义》里疏解"视民如禽兽"时说："《经》言'虎''兕'及'狐'，止有兽耳，言'禽'以足句。"他在疏解《召南》"羔羊之皮"的时候说："兼言羊者，以羔亦是羊，故连言以协句。"其中的"足句""协句"（其他尚有"圆文"等韵律分析）都为今天韵律语法的建立，提供了古代的语料和证据。

在汉语语言学史上，最早发现韵律制约句法现象的当首推马建忠。② 他在研究"易之以羊"和"以羊易之"两种句型时精辟地指出："转词介以'以'字置于止词之后者，盖止词概为代字，而转词又皆长于止词。"（《马氏文通》）就是说，如果动词的宾语是代词，而介词的宾语又较长的话，那么就要采用 [[V+代][以+NP]] 的格式。以成分的长短定词序，正是从韵律控制句法的角度看问题。然而，值得回味的是，马氏虽然惊

---

① 注意：在 Liberman 之前，Chomsky、Halle 和 Lukoff（1956）早已奠定"循环重音指派"（cyclic stress assignment）的操作体系〔也即韵律跟语法的直接相关性。参 On accent and juncture in English. In: Morris Halle, Horace Lunt, Hugh MacLean, and Cornelis van Schooneveld (eds.), *For Roman Jakobson*. The Hague: Mouton, 1956. 65-80.〕。而 Halle 和 Keyser（1966、1971）的文章更可看作生成节律学（generative metrics）的创始之作〔其中的重音分布规律，采用了 Chomsky、Halle 和 Lukoff（1956）的理论，认为重音跟句法直接相关。参 Morris Halle and Samuel Jay Keyser. Chaucer and the study of prosody. *College English* 28.3 (1966): 187-219. 及 Morris Halle and Samuel Jay Keyser. *English Stress: Its Form, Its Growth, and Its Role in Verse*. New York: Harper and Row, 1971.〕。

② 事实上，乾嘉学者如王念孙等均有很好的发明，但当时"韵律训诂"方面的研究才刚刚开始。

人地发现了韵律的作用，但却说"惟排偶声律者，等之'自邻以下'耳"——将韵律的因素排斥在句法之外。他一方面卓有发明，另一方面又自毁长城，为什么呢？究其根本，是没有理论的缘故。[①] 于是杨树达批评他说："但据类例之多少为言，绝无何等理论为根据也。"（《马氏文通刊误》）我们吃没有理论的亏，太多了！殊不知，我们吃不能（不善？不屑？）创造理论的亏，更大、更多！没有理论，很难准确地把握现象，到手的东西也终将复失，更不消说本质与规律。马氏韵律语法的失败在没有创立理论。事实上，马氏不仅没有韵律理论，他的句法理论也不独立（《马氏文通》大抵以拉丁语法为底本）。当然，我们在看到理论之必要（necessary condition）的同时，也不能忘记它并非充分条件（sufficient condition）。原因很简单，即使有了理论也不能保证对现象的揭示准确无误。乔姆斯基的管约句法论（government-binding theory）可谓理论，但根据这个体系，Zwicky 和 Pullum（1986）得出的却是一个错误的结论：句法无语音原则（Principle of Phonology-Free Syntax）[②]。他们说："句法无语音原则是为跨语言而设定的语法，该语法禁止句法规则或句法限定参考音系的信息。"（The Principle of Phonology-Free Syntax (PPFS) is a proposed universal principle of grammar that prohibits reference to phonological information in syntactic rules or

---

① 什么是理论？我们认为，其本质属性主要有两点：一是要把假设和规则说明确（explicit），一是要有可验证的预测（make verifiable predictions）。参 Karl R. Popper. *The Logic of Scientific Discovery*. New York: Basic Books, 1959.

② Arnold M. Zwicky and Geoffrey K. Pullum. The principle of phonology-free syntax: introductory remarks. *Working Papers in Linguistics* 32. Columbus, OH: The Ohio State University, 1986. 63-91.

constraints.）①

在形式句法理论界，这一"句法无语音"的错误信念直到最简方案出来后才逐渐改变。2008 年 11 月 7～9 日在康奈尔大学召开的第 39 届 NELS 会议的广告上，我们第一次听到这样的声音：

"The design of the grammar is standardly assumed to be complex, involving components such as phonetics, phonology, syntax and semantics. The initial view that components of the grammar are autonomous has proven to be overly strong, and more and more cases of interfaces among components have been documented. This in turn opens questions about the extent and nature of such interfaces: is there a line between interacting components and components without borders?"

基于这种新的认识，会议邀请学者投交有关 "explore empirical as well as theoretical aspects of the interfaces among two or more components of the grammar, and formal tools that capture such interfaces" 的论文。时隔不久，Richards 在 *Uttering Trees*（2010）一书中便提出"疑问词移位"（*wh*-movement）是由韵律导致的看法：疑问词移位的句法运作发生在韵律刚好需要的情况下（The syntactic operation of *wh*-movement takes place just in case the prosody requires it.）。在 20 世纪 70～80 年代的形式句法里，这是不可想象的。

国际韵律语法研究风起云涌，我国韵律语法研究的情况则很

---

① 引自 Philip H. Miller, Geoffrey K. Pullum, and Arnold M. Zwicky. The principle of phonology-free syntax: four apparent counterexamples in French. *Journal of Linguistics* 33 (1997): 67-90.

不同。我们一向没有宏大系统的语言学理论，自然也没有 Zwicky
那样极端、绝对的理论错误。从上面看到，韵律对语法的作用我
国古代先贤早有揭晓，进入当代，相关研究层出不穷。最明显、
最有影响的是郭绍虞的"弹性词说"（1938）①和吕叔湘的 2+1、1+2
的"趋势说"（1963）②。当然，赵元任的"电离化（ionization）/
离合词"理论，更堪称早期韵律语法最精辟的分析：

> 可是既然咱们可以说"上了一堂课"，何以不能说"体了一
> 堂操"？要是照字面意义来说，"操了一堂体"应该更合逻辑，可
> 是却没人这么说。这又是语音的因素比逻辑的因素更重要的关
> 系。但是动—宾式结构的抑扬型韵律就足以强迫"体"作动词，
> "操"作宾语，不管逻辑不逻辑。因此"体了一堂操"就成了学
> 生的经常用语了。
>
> ——《中国话的文法》③

这里"抑扬型韵律就足以强迫'体'作动词，'操'作宾语，
不管逻辑不逻辑"一语，为我们开辟了一个新的研究领域。顺此
而推，汉语韵律的另一重要属性就是近年来发现的"韵律的形态
功能"（参本系列丛书中王丽娟《汉语的韵律形态》）。这方面的研
究，我们甚至可以溯源到陆宗达、俞敏（1954）对"开开儿"（动
词，重音在第一个"开"上，如：这水得开开儿再喝）和"开开
儿"（形容词，重音在"开儿"上，如：这水开开儿的，正好沏茶
啊）等北京话词语的重音分析。④

---

① 《中国语词之弹性作用》，载于《燕京学报》1938 年第 24 期。

② 《现代汉语单双音节问题初探》，载于《中国语文》1963 年第 1 期。

③ 刘梦溪主编《中国现代学术经典》"赵元任卷"中的《中国话的文法》，河北
　教育出版社，1996 年。

④ 陆宗达、俞敏，《现代汉语语法》（上册），群众书店，1954 年。

　　汉语韵律语法研究的另一大宗是它在文学上的作用。我国
（和邻邦）的学者在这方面的研究有着长久的历史和丰富的学说。
南朝沈约的"浮声、切响"（《宋书·谢灵运传论》）、刘勰的"往
蹇来连"（《文心雕龙·声律》），唐代日本和尚遍照金刚的"诗
行两半（半逗律）"（《文镜秘府论》），清代桐城派学者刘大櫆的
"音节神气"（《论文偶记》），以至于当代启功先生的"诗节韵律"
（《诗文声律论稿》），等等，都是我国古今节律学研究的宝贵财富，
亟待总结和开发。

　　如果说郭绍虞的"弹性"、吕叔湘的"趋势"和赵元任的
"电离化"均是以20世纪70年代以前的传统韵律理论为基础
进行研究的话，那么我国当代韵律语法的研究则是以 Chomsky、
Halle、Keyser 以及 Liberman 等当代学者70年代前后提出的"相
对轻重说（relative prominence）"① 为基础，伴随80年代改革开
放带来的西方当代语言学理论的引入而开始的。我们知道：汉
语韵律语法的研究以"句法影响/制约韵律"为起点。譬如
C. C. Cheng（1973）② 提出的以句法分枝为上声变调域的观点，
Chilin Shih（1986）③ 和 Matthew Chen（2000）④ 进行的以句法为基
础的音步研究（foot formation based on syntax），Matthew Chen 和
他的学生提出的以句法 XP 为界确定的连音变调域（如 Chen,

① M. Liberman and A. Prince. On stress and linguistic rhythm. *Linguistic Inquiry* 8 (1977): 249-336.

② C. C. Cheng. *A Synchronic Phonology of Mandarin Chinese* (*Monographs on Linguistic Analysis*, No. 4). The Hague: Mouton, 1973.

③ Chilin Shih. *The Prosodic Domain of Tone Sandhi in Chinese*. PhD dissertation, University of California at San Diego, 1986.

④ Matthew Chen. *Tone Sandhi: Patterns across Chinese Dialects* (*Cambridge Studies in Linguistics*, No. 92). Cambridge, UK: Cambridge University Press, 2000.

1987）[①]，Selkirk（1986）[②] 受到 Matthew Chen 影响后提出的 "界定参数"（edge-setting parameters ）和 "韵律范畴域"（domains of prosodic categories ），Selkirk 和 Shen（1990）[③] 观察到的上海方言里 "句法—韵律错配现象"（phonology-syntax mismatches ），还有 Duanmu（1995、1999）[④] 提出的上海话连音变调域的重音循环指派 法（tone sandhi domains are based on cyclic stress assignment ），等等，都是从 "句法影响韵律" 的角度进行的研究。与此同时，Matthew Chen（1979）[⑤] 还进行了 "句法—韵律相互影响" 的研究。他在汉语律诗的探讨中提出句法分枝和韵律分枝必须彼此对应的规律。当然，令人更为关注的是突破 Zwicky "句法无语音原则" 的新理论: "韵律对句法的影响和制约"。这方面我们首先看到的是 Inkelas 和 Zec（1990）[⑥] 有关韵律制约句法的研究，其次

① Matthew Chen. The syntax of Xiamen tone sandhi. *Phonology Yearbook* 4 (1987): 109-149.

② E. Selkirk. On derived domains in sentence phonology. *Phonology Yearbook* 3 (1986): 371-405.

③ E. Selkirk and Tong Shen. Prosodic domains in Shanghai Chinese. In: Sharon Inkelas and Draga Zec (eds.), *The Phonology-Syntax Connection*. Stanford and Chicago: CSLI Publications and University of Chicago Press, 1990. 313-337.

④ S. Duanmu. Metrical and tonal phonology of compounds in two Chinese dialects. *Language* 71.2 (1995): 225-259. & S. Duanmu. Metrical structure and tone: evidence from Mandarin and Shanghai. *Journal of East Asian Linguistics* 8.1 (1999): 1-38.

⑤ Matthew Chen. Metrical structure: evidence from Chinese poetry. *Linguistic Inquiry* 10.3 (1979): 371-420.

⑥ Sharon Inkelas and Draga Zec (eds.), *The Phonology-Syntax Connection*. Stanford and Chicago: CSLI Publications and University of Chicago Press, 1990. 365-378.

是 Feng（1991、1995）[1] 有关汉语的韵律结构和韵律制约的句法研究。继此则有 Zubizarreta（1998）的 P-movement[2] 以及董秀芳（1998）[3]"韵律制约的动补结构"等一系列的韵律制约句法的研究。

　　在新兴韵律理论的影响下，汉语韵律语法的研究发生了质的变化。早在 20 世纪 80 年代初期，语言学论坛上就涌现出一批年轻的韵律语法研究者，如陆丙甫、吴为善、张国宪、端木三、冯胜利等。1990 年，端木三与陆丙甫提出"辅重论"[4]，打响了当代韵律语法研究的第一枪。1997 年冯胜利到四川大学讲授韵律构词学（词汇化）和韵律句法学（核心重音）[5]，不久就有了董秀芳的《述补带宾句式中的韵律制约》(《语言研究》1998 年第 1 期）[6]。此后，韵律语法方面的研究论文便如雨后春笋般涌现。经过近 20 年来的蓬勃发展，韵律语法研究在中国已蔚为大观。最为突出的就是杨树达所批评的马建忠没有理论的情况已大为改观：当代汉语韵律语法有了自己的理论。最初是端木三的"辅重论"（1990、2000）和冯胜利的"核心重音说"（1991、1995），后来则有《汉语非线性音系学》(王洪君，1999、2008）、《汉语韵律句法学》(冯

[1] S. Feng. Prosodic structure and word order change in Chinese. *The Penn Review of Linguistics* 15 (1991): 15-21. & S. Feng. *Prosodic Structure and Prosodically Constrained Syntax in Chinese*. PhD dissertation, UPENN, 1995.

[2] M. L. Zubizarreta. *Prosody, Focus, and Word Order*. Cambridge, MA: The MIT Press, 1998.

[3] 《动补带宾句式中的韵律制约》，载于《语言研究》1998 年第 1 期。

[4] 其论文 2002 年发表于 *Journal of the Chinese Language Teachers Association* 37.2: 123-136，名为 "Rhythm and syntax in Chinese: a case study"。

[5] 讲稿后来修改为《汉语的韵律、词法与句法》出版，北京大学出版社，1997/2005/2009。

[6] 她后来从功能角度研究"词汇化"，成绩显著，但是给韵律导致的双音化的研究留出了很大的空间，有待开发。

胜利，2000）、Chinese Phonology（Duanmu，2000）以及 Prosodic Morphology（Feng，1997）[①] 等不同学说和理论的纷纷出炉。在中国，这些都是前所未有的新理论，因此也不容易一下子为人所理解。老实说，韵律语法理论的起步是相当艰难的，不仅当时的研究生，就是一般的学者对其中的"形式句法理论""形式音系理论"也不太熟悉。为培养兴趣、奠定基础，韵律语法理论的引进和普及，最初采取的是"近取诸身"的做法。[②] 譬如把"核心重音"说成"不能头重脚轻""切忌尾大不掉"〔而不是"管约（government and binding）为基础的核心重音的指派"〕。即使涉及管约的定义，也为便于理解而从简解说（informally speaking），把"公式化的形式限定"说成大家能理解的"动词后不能有两个（可携带重音的）成分"，诸如此类，不胜枚举。结果呢？虽便于初学和理解，但也带来了始料未及的误解和分歧。有人不理解其中的运作，说："汉语的名词可以做谓语，可见动词指派重音的理论有问题。"有人怀疑说："句子的焦点重音是任意的，如何影响句法？"有人歧解道："汉语的句子可以不用动词，可见动词指派重音的操作是错的。"有人质疑道："1+2 的'铁公鸡'可以说，凭什么说 1+2 不合法？"还有人直接反对说："汉语没有重音，也没有音步，因此用重音、音步建立起来的韵律理论靠不住！"疑惑之极，竟有人质问："韵律的作用到底有多大？"显然，有些问题

---

① S. Feng. Prosodic structure and compound words in classical Chinese. In: Jerry Packard (ed.), *New Approaches to Chinese Word Formation: Morphology, Phonology and the Lexicon in Modern and Ancient Chinese.* Berlin: Mouton de Gruyter, 1997. 197-260.

② 王国维在讨论中国历史上引进西方新思想的实例时认为"西洋之思想之不能骤输入我中国，亦自然之势也"（《论近年之学术界》）。陈寅恪提倡"取珠而还椟"的方法（《吴宓与陈寅恪》）。其意至深，足资为鉴。

已经超出学科的范围，因为我们一般不问"化学的作用有多大"。当然，我们都知道：如果"汉语没有音步"的话，怎么可能"55/55/555""柴米/油盐/酱醋茶"的节律停顿都一样？假如"汉语没有重音（或凸显）"的话，那么人类语言节律中的"相对凸显律"将由何表现？我们更知道，新领域开辟、新学科建立之初，出现不同的意见和争议是很正常的。章太炎先生曾慨叹孙诒让的学术之所以未宏于世，是因为没人反对①；而对生成语法的质疑之声至今不绝于耳，却反促其发展，则更是范例。即如 1+2 的"铁公鸡"，虽非反例，但它给韵律语法提出了挑战。挑战促使我们发掘、发现更深的规律、更多的解释。1+2 [名词 + 名词] 为韵律理论所不容，然而就在解决这些反例的过程中我们发现了两条新的规律：一是"材料"（铁公鸡、木地板、棉手套；？钢铁公鸡、木头地板、？棉花手套）可用 1+2；二是"所有格"（班主任、校领导；班级主任、学校领导）可用 1+2。为什么呢？原因很可能是"材料、所有格"实际上是形容词性而不是名词性成分的缘故（参 Feng, 2001；Duanmu, 2012）②。这类现象，前人没有解释，甚至很难想到。因此，本着真理出于争辩的理念以及促进新兴学科发展的愿望和责任，我们编写了这套丛书。可以说，这套丛书是这个学科不断发展和成熟的标志，是东西方学术研究交汇和碰撞的结果，当然也是这个学科有待整合、总结以便深入发展的

① "自孙诒让以后，经典大衰。像他这样大有成就的古文学家，因为没有卓异的今文学家和他对抗，竟因此经典一落千丈，这是可叹的。我们更可知学术的进步是靠着争辩，双方反对愈激烈，收效方愈增大。"《国学概论》，中华书局，2003 年，第 33 页。

② S. Feng. The multidimensional properties of wordhood in Chinese. *Contemporary Linguistics* 3 (2001): 161-174. & S. Duanmu. Word-length preferences in Chinese: a corpus study. *Journal of East Asian Linguistics* 21.1 (2012): 89-114.

需要。

　　这套"汉语韵律语法丛书"的作者都是韵律语法领域中的前沿工作者。他们有的是该学科的资深学者，有的是该领域里的年轻新秀，但他们有一个共同点，就是对此新兴学科的热爱与执着，他们都在这一领域富有自己的心得和体会。

　　美国学者 Simpson 在 2014 年出版的《汉语语言学手册》（*The Handbook of Chinese Linguistics*）里面说：

　　将来的韵律与语法的相互作用的研究，无论是跨方言的共时研究，还是历时的研究（这是具有可能性的），都是未来汉语语言学研究中的一个丰富而内容充实的领域，是一个汉语可以为"有关人类语言的普通语言学理论"做出重要贡献的领域。[①]

　　这是对我们以往韵律语法研究的总结，更是我们将来努力的方向。是为序。

冯胜利（执笔）

2015 年 6 月

---

① Andrew Simpson. Prosody and syntax. In: C.-T. James Huang, Y.-H. Audrey Li, and Andrew Simpson (eds.), *The Handbook of Chinese Linguistics*. Oxford: Blackwell, 2014. 465-491.

目 录

1 第一章 引 言

15 第二章 汉语的音步类型及三音节音步的
韵律特征

16 第一节 汉语的音步类型
33 第二节 三音节音步的韵律特征

41 第三章 三音节音步的韵律构词形态
45 第一节 萌芽时期的研究（20 世纪 50
年代到 70 年代）

48 第二节 初步发展时期的研究（20 世纪
80 年代）

59 第三节 蓬勃发展时期的研究（20 世纪
90 年代至今）

105 第四章 三音节音步的句法形态功能
112 第一节 三音节动词能否重叠
117 第二节 特定句法结构中的三音节音步
及其句法形态

141 第五章 三音节音步的历史来源及其
文体属性

142 第一节 古今韵律的不同
153 第二节 三音节音步的历史起源
156 第三节 三音节音步的文体属性

169 第六章 三音节音步的轻重音及其语体
属性

171 第一节 三音节音步的轻重音

181　第二节　三音节重叠式的轻重模式及其
　　　　　　韵律形态
189　第三节　三音节音步的语体属性

195　**第七章　结　语**

201　**参考文献**

213　**后　记**

1

引 言

　　本书重点关注现代汉语三音节的韵律问题，那我们有必要先来了解汉语的韵律问题。汉语的韵律问题发现于何时，或者说汉语的韵律研究究竟始于何时，都开展了哪些具体的工作，取得了哪些具体的成果，这些都是必须交代清楚的。我们这里首先借用冯胜利、王丽娟（2013）的总结：

　　　　章太炎《国故论衡》、黄侃《文心雕龙札记》、郭绍虞《中国语词之弹性作用》等早已论及。之后陆宗达和俞敏（1954）、吕叔湘（1963）、张国宪（1989）、启功（1991）等开始从语言学角度讨论汉语韵律与语法的关系问题。然而汉语韵律构词学的确立和研究却是 20 世纪 90 年代以后的事情。王洪君（1996、2001、2004）、陆丙甫（1989）、Duanmu（1997、1999、2004）、端木三（1997、1999、2000）、吴为善（2003a、2003b、2005）、Lu 和 Duanmu（2002）等都做过大量的工作；从 1996 年、1997 年开始，冯胜利进一步把韵律对词法的制约当作汉语语言学研究中的一个独立层面提出并加以专门、系统的研究。该研究首次将节律音系学中"韵律词"的概念引入汉语研究，系统提出了标准音步（双音节）、蜕化音步（单音节）与超音步（三音节）之间的区别及其在韵律构词中的作用。

看了这段总结大致了解了上面提出的基本问题，但是细节还不能完全把握，尤其是较早时期的相关研究。鉴于此，我们觉得有必要首先介绍较早时期的相关研究，这有助于我们更清楚地了解汉语韵律问题的脉络。说起汉语早期的韵律研究，不得不提到两位著名的学者，一位是郭绍虞先生，一位是吕叔湘先生。诚如潘文国先生在他的《汉语构词法研究》（2004）一文中所谈到的："真正认识到这一（韵律）问题重要性的只有 30 年代的郭绍虞和 60 年代的吕叔湘。现在我们欣喜地发现，在时隔 30 多年之后，终于又有了 90 年代的韵律语法研究。"时隔四年，他在叶军的《现代汉语节奏研究》的序中，又一次强调了韵律的重要性：

> 我们一直错误地以为语言组织问题只跟语法有关，语法学好了，写文章的问题就解决了；而一旦解决不了，就不得不回到被自己否定的老路上去。现代学者中真正意识到这个问题重要性的，我曾经提到过有三个人，这就是 30 年代的郭绍虞、60 年代的吕叔湘和 90 年代的冯胜利。郭绍虞写于 30 年代的《中国语词之弹性作用》等系列文章，开创了从节律角度研究汉语语法的先河，1979 年他更提出了一个振聋发聩的看法："汉语对于音节，看得比意义更重一些。"但郭绍虞的意见长期受到忽视，或至多被看作是一种"修辞"研究。直到 60 年代吕叔湘先生《现代汉语单双音节问题初探》发表，由于其本人的崇高威望，才使语法学界意识到音节问题不仅仅是个修辞问题，而且是个语法问题，同时吕叔湘先生还把音韵语法的结合研究从词汇层面提高到句

法层面。90 年代，冯胜利结合西方韵律学的研究，提出了汉语韵律句法学，把两位前辈开创的研究，在理论化、体系化上向前推进了一大步，并且与西方当代语言学的发展相结合，使这一研究更具有了国际色彩。

下面我们首先介绍郭绍虞和吕叔湘两位先生的研究成果。郭绍虞先生的相关研究主要集中在他 1938 年发表的《中国语词之弹性作用》一文中，这篇文章对于后来的研究具有深远的意义。他首先注意到了汉语单双音节的问题。他分别从"语词伸缩例""语词分合例""语词变化例"和"语词颠倒例"等四个方面说明了中国语词的弹性。认为此四例对于音节的配合极为方便，所以在骈文律诗中，此种现象（弹性作用）尤为明显。而中国旧文学的修辞技巧，以选择语词为重要的条件。"选辞得当，可以求其匀整，可以求其俪对，更可以求其音调之谐和，随心所欲，无施不可；有时可使为谐隐，有时可使为回文，更有时可以运用古典。"他更进一步认为，即使说中国文辞上所有的种种技巧都是语言文字本身所特有的弹性作用，也未尝不可。

那么究竟何为郭绍虞先生说的语词的弹性作用呢？此种弹性作用的成因又为何呢？郭绍虞（1938）中提出：

> 我尝细究中国许多语词，很难肯定地说某一语词为单音或复音。我觉得中国语词的流动性很大，可以为单音同时也可以为复音，随宜而施，初无一定，这即是我们所谓弹性作用。此种弹性作用之所由形成，其最重要的原因，恐即由于语言文字之不协调。由中国语言的

演化言，逐渐倾向于增加连缀的词类；由中国文字的应用言，似乎依旧保存着单音的特质——此种情形在文言文方面尤为显著。这即是目治与耳治二种作用不同的关系。耳治的，所重是语词意义在声音上的辨析，所以要利用复音语词；目治的便没有这种需要。所有尽有语言中的复音语词，待写入文辞却可以易为单音；也有本是单音语词，而在语言中必须强为凑合使成为复音。这种现象便造成了语词的流动性。例如"衣""椅"同音，语言中必须有"衣服""椅子"之分，而写入文辞，即不妨单用一个"衣"或"椅"字。这在同音而不同声的语词，犹且如此，何况同音而兼同声的呢？

由此可知，郭绍虞先生认为汉语中的单音词和复音词，主要是语言文字发展不协调的产物，是"目治"和"耳治"作用不同的产物。因而写入文辞时则可用单音，语言中则用复音。这样的解释，其实主要讨论的是文字对于语言的影响，而没有从语言的角度论证为什么语言中同时有单音词和复音词的存在，也没有对语言中的单音词和复音词加以区分（只是指出"目治"和"耳治"有所不同），更没有解释为何古汉语多为单音词而到汉代之后逐步产生了大量双音节词的历史现象。但在当时能认识到汉语词汇单双音节的问题，这本身就具有划时代的意义。

同时他认为正是因为语言文字不协调，所以虽有后起之复音语词，却又保存着原始的单音语词。意义无别，而语词之单复有分，于是在修辞上，尤其在音节方面，便有选择的需要。也正因如此，中国语词的弹性作用，在文学作品中表现得格外显著。那么为什么郭绍虞先生认为语词的弹性作用在文学作品中表现得格外显著呢？其文中是这样论述的：

> 何以语词之弹性作用格外在文学作品中表现着呢？即因为文人之修辞技巧，正能利用这种不调协性而使之调协。利用文字之单音，遂成为文辞上单音步的音节；利用语词之复音，遂又成为文辞上二音步的音节。单复相合，短长相配，于是文章掷地可作金石声了。然而实际上，这依旧与复音语词的本身有关系。盖中国之复音语词，与他族语言之复音语词不同。中国之复音语词，也以受方方的字形之牵掣，只成为两个单纯化的声音之结合。其孳化的基础，依旧是建筑在单音上的。由这一点言，即谓为单音化的复音语词也未尝不可。所以复音语词以二字连缀者为最多，其次则三字、四字。二字连缀者成为二音步，三字连缀者成一个单音步、一个二音步，四字连缀者则成为两个二音步。中国文学之得有一种特殊的韵律者，即因语词的音缀适合这种配合条件的缘故。利用单音语词演化为复音的倾向，利用复音语词之单音化的特质，于是语言文字之不协调性遂归于协调，而文学作品中遂很显著地表现着语词之弹性作用了。

由上可知，郭先生所谓语词的弹性作用指的是语义基本一致的情况，有对应的单音节形式，也有双音节形式，比如"家／家庭""扫／打扫"。而之所以形成这种弹性，他认为主要在于语言和文字发展的不匹配。就语言的发展而言，逐步倾向于增加连缀。就文字的发展而言，文字依然是单音节文字。他所指的语词的弹性作用，不是从"双音化"的角度来解释的，而是认为语言中单复形式同时存在，而语义无别，因此作文修辞上便有音节选择的需要。即其重点不是解释"双音化"是如何完成的，而是说明单音、复音都存在的情况下，文学作品如何利用这种语词的弹性作用来达到一种修辞的效果。

正如我们上面所言，郭绍虞先生的解释，没有触及核心的"双音化"问题，只是探讨了单双音节都存在时，如何根据修辞来选择的问题。学界对"双音化"的解释，诚如冯胜利（2006）指出的："双音化的诸多意见可分为两类：一类是自古而然说（郭绍虞，1938）；另一类是后来发展说（王力，1980）。"而后来发展说又有"对称说""单音节信息量不足"等说法。这些说法我们认为都无法从根源上解释"双音化"，我们比较赞成的是冯胜利先生（2006）从韵律的角度对"双音化"进行的分析，认为汉语的双音化来源于汉语的双音步，而双音步当源于上古汉语的音节简化和声调的出现。音节简化使单韵素音步无法成立；声调的实现又抵消了音节的长短之分，双音节音步因此而生。

郭绍虞先生之后，直到吕叔湘（1963）《现代汉语单双音节问题初探》，音节单双问题才又引起重视。吕叔湘先生开篇就指出：

> 本文的企图只是把单双音节问题作为一个问题提出来。这似乎是个性质颇为复杂的问题，其中有语法问题，也有语汇问题、修辞问题。

吕叔湘先生也指出郭绍虞先生讲的都是古汉语的情况，主要说明语词的伸缩是汉语修辞的特点。而他讲的是现代汉语的情况，觉得里面有修辞问题，也有语法问题。比如可以说"打扫街道"，也可以说"扫街"，什么时候用哪个形式，这是修辞问题。又比如可以说"签名、签个名、签了名、名还没签"等，而单说的时候必得说"名字"，这就成了语法的问题。将音节的单双与语法联系起来，讨论音节单双对语法造成的影响，这就从郭绍虞先生的音节单双主要作为文学修辞的手段中解放出来，开始了真正语言学意义上的研究，开创了从节律角度研究汉语语法的先河。

那么吕叔湘先生是如何切入这一研究的呢，他主要从"单音节的活动受限制""双音化的倾向""从双音节到四音节""与某些虚字有关的音节问题"等四个方面来展开论证。下面我们分别来看这四个方面的情况。

他首先介绍的是单音节的活动受限制，在这一部分，他主要从人名、地名、山名、国名和数目字等几个方面来举例说明。人名，比如他提出单姓和复姓的区别。当别人问"你姓什么？"，单姓多半要回答"姓张"或"我姓张"，而不大能说"张"，而复姓就可直接说"欧阳"。再比如地名。他认为县名有两个字的可以不带"县"字，一个字的必得带"县"字。所以常常是"大兴、通县、顺义等县"①，虽然末了有"县"字，但通县的"县"不能省。国名也是如此，英国、法国，单说非带"国"字不可。印度、哥伦比亚，难得听见带"国"字。由吕叔湘先生的这些例

---

① 今称"大兴区、通州区、顺义区"。

子我们可知，汉语中单音节的使用确实存在很多限制，不如双音节使用灵活。而单音节的使用之所以受限制，如果用韵律构词学来回答就是，单音节是蜕化音步，不是标准音步。因此使用起来就有一定的条件，要么是组成双音节的标准音步，要么是通过声音的延长，总之不是很自由的音节。

上文既然介绍了单音节的活动受限制，接下来要谈的就是双音化的倾向。他指出在现代汉语的语句里，双音节是占优势的基本语音段落。正如周有光先生所说："把单音节的补充成双音节，把超过两个音节的减缩为双音节，双音节化是现代汉语的主要节奏倾向。"

这部分吕叔湘先生主要谈的是双音化的两种方式：或者在前面 / 后面加上一个不增加多少意义的字，或者把两个意义相同或相近的字合起来用。前者如"老虎、老鼠、老鹰、老雕、老鸹、老鸦""念头、想头、苦头、甜头"等。后者又分几种情况，一种是两字同义，造成的词仍然是这个意义，只是双音化了。如"身体"，"身"就是"体"，"体"就是"身"，"身体"还是这个意思。同样的例子如"皮肤、牙齿、背脊、年龄、衣服、树木、房屋、田地、墙壁、状况、姿态"等。另外一种是以一个字为主体，连上一个意义相近或有关的字做陪衬。例如"眼睛、肩膀、窗户、书籍、报纸、灯火、云彩、雾气、国家、事情、位置"等，双音化的用意尤其明显。

第三部分是从双音节到四音节，这部分主要谈到了三音节和四音节的问题。他认为三音节的语音段落，大多数是由一个双音节加一个单音节（2+1）或是一个单音节加一个双音节（1+2）

构成的。从结构关系上看，除少数情况外，都属于偏正或动宾两类。认为偏正组合可以按能否在中间加 de① 字分成松、紧两种。较松的即能加 de 字的，不能加 de 字的组合似乎是不成问题的构词方式。其中 2+1 式（如"动物学、示意图、辩证法、可见度"）比 1+2 式（如"副作用、手风琴"）要多得多。他认为这跟在前或在后的单字的性质和可以这样用的单字的数量有关系。三音节的动宾组合差不多都是可以拆开的，比如可以在动词后面加"了"字，可以在中间加数量词。跟偏正组合的情形相反，三音节的动宾组合是 1+2 式（如"买东西、写文章"）多于 2+1 式（如"吓唬人、糟蹋钱"）。他认为这跟常用动词中单音的较多有关系，可是否完全取决于这个因素，他认为也还需要做进一步的分析。这一研究使我萌发了研究三音节韵律构词形态的想法，之后的很多研究成果都是围绕三音节内部的 1+2 以及 2+1 的动宾或偏正组合展开的。当然，为什么偏正组合 2+1 多，动宾组合 1+2 多，这在后期不同的理论中有不同的解释，但是首先关注这一问题的还是吕叔湘先生，这也是我们对吕叔湘先生这篇文章进行重点介绍的原因。

关于四音节，他指出 2+2 的四音节也是现代汉语里的一种重要的节奏倾向。四音节的倾向表现在某些组合里是一个双音节成分要求另一个成分也是双音节。文章共列举了五类四音节的情况。第一类是"进行、加以、予以"以及某些双音副词的后面

---

① de，这里沿用吕叔湘《现代汉语单双音节问题初探》中的写法。现代汉语中最常见的语助词要数 de，这个词的用处很多，主要相当于现代汉语的"的"和"地"，具体可参考吕叔湘《论底、地之辨及底字的由来》一文。

要求搭配双音动词。例如"进行调查、加以整顿、互相埋怨、共同使用"，不说"*进行查、*加以整、*互相怨、*共同用"。第二类是很多双音动词要求后面的名词宾语至少有两个音节。例如"调查事实、了解情况、发生作用、操纵机器、管理图书、开垦土地"，不能说"*管理书、*开垦地"等。第三类是名词在前动词在后的组合（整个组合是名词性的）同样要求名词至少是双音节。例如"钢铁生产、余粮收购、货物运输、地质勘探、音乐欣赏"，不能说"*钢生产、*粮收购、*货运输"。第四类是某些双音形容词只出现在双音名词之前。例如"伟大人物、辉煌成绩、宝贵意见、先进经验、强大队伍、严重后果"，这类形容词有的也可以用在单音名词前，可是必得在中间加个 de 字，例如"伟大的人、宝贵的书"。有的加了 de 也还是要求双音名词，例如不能说"*辉煌的城、*强大的国"。第五类是两个同类并且意义相近的双音词常常联合起来造成一个短语。例如"文化教育、财政经济、风俗习惯、强迫命令"。吕叔湘先生上面举出的 2+2 的五类情况，冯胜利先生将之发扬光大，编写了《汉语书面用语初编》，并将这类词命名为"合偶词"。

第四部分，吕先生谈到的是与某些虚字有关的音节问题。这部分主要谈了几类虚字："不""和、与、或""de""得、不"，重复动词中间的"一、了、不"，以及"给、在、向"等，这里不再一一举例说明。

以上我们比较详细地介绍了吕叔湘先生的观点、材料，因为历经几十年之后，吕叔湘先生提到的一些问题，至今仍然备受关注，例如形名结构中 de 的隐现问题。吕叔湘先生 1963 年撰写的这篇文章，涉及的问题很多，除了单双音节的问题，还涉及双音化、四字格、缩略语、现代汉语的节奏等方面的问题。但是这些现象并没有很快引起学界的重视，直到 20 世纪八九十年代初期国内韵律构词学、韵律句法学的兴起才又引起重视。当时活跃在韵律研究方面的学者，国内如王洪君、吴为善、陆丙甫，国外汉学者如陈渊泉、冯胜利、端木三、王志洁等，都针对汉语中的韵律现象做了很多探索研究，也极大地推动了汉语韵律构词学和韵律句法学的发展。

这一时期越来越多的学者也开始关注现代汉语的三音节韵律问题，如吴为善（1986、1989）、张国宪（1989）等。此后三音节韵律的相关研究成果陆续发表，相关理论也应运而生。而这当中三音节结构内部的单双音节组合受到的关注尤其多，除了吕叔湘先生观察到的动宾组合以及偏正组合以外，还扩展到了动补组合以及主谓组合，一时之间，各种解释风起云涌，形成一片活跃之态。

以上研究在本书中都将归纳为三音节音步的韵律构词形态功能，这一部分将在第三章有更为详尽的介绍。学界关注的三音节音步，除了韵律构词形态之外，还有三音节音步的一般韵律特征，如被迫性、反向性、伸缩性等，以及三音节音步的句法形态功能。汉语的韵律形态研究近几年刚起步，目前主要研究汉语音节长度及汉语重音的形态功能。对于三音节音步来说，主要包括三音节音步的韵律构词形态功能，如"左向造语，右向构词"，以及三音节音步的韵律句法形态功能，如"* 收徒弟山神庙、* 关严实窗户、* 简单化问题"等的不合法。三音节音步的韵律形态功能研究将以往的零散研究放到了一个更大的理论体系中，可以帮助我们重新认识三音节的韵律功能。除此之外，三音节音步的历史来源及其文体属性也越来越受到重视，这跟近年来韵律文体学的兴起有很大关系。韵律文体学将语言学与文体学结合起来，从语言演变的角度来研究文体的演变，这无疑是一种新的思路。我们的研究将主要介绍以上几个方面的成果，希望能为汉语韵律初学者提供一些帮助。

思考与练习

1. 谈谈你对郭绍虞先生提出的语词弹性作用的认识，你认为产生语词弹性作用的原因是什么呢？

2. 吕叔湘先生谈到汉语中的四音节现象时指出，某些双音形容词只出现在双音名词之前。例如"伟大人物、辉煌成绩、宝贵意见、先进经验、强大队伍、严重后果"，这类形容词，有的也可以用在单音名词前，可是必得在中间加个 de 字，例如"伟大的人、宝贵的书"。有的加了 de 也还是要求双音名词，例如不能说"*辉煌的城、*强大的国"。你能结合例子尝试分析这些形容词有哪些，它们为什么有以上音节搭配的要求吗？

第二章

汉语的音步类型及三音节音步的韵律特征

引言部分，我们大致梳理了一下汉语韵律问题的研究脉络，并介绍了两位重要的韵律问题研究先驱的相关成果：郭绍虞先生的汉语语词的弹性作用，吕叔湘先生的现代汉语单双音节搭配问题。那么也许有人会说，难道之前就没有韵律方面的研究？当然有，但大抵都是古汉语了，即便是郭绍虞先生的论述，多半也是古汉语的情况，而我们的研究则主要基于现代汉语三音节音步的相关情况。关于三音节音步的研究，引言部分我们已指出，其韵律构词形态问题所受关注最多。但是我们要了解韵律构词问题，必先对一些基础问题有所了解，这样才能增强我们的判断能力。这些基础问题就包括汉语的音步类型、拍音节和拍韵素的区别、单音不成步的原因，以及三音节音步本身的一些韵律特征等，如果没有这些基础问题的铺设，恐怕很难对三音节音步的核心问题有更深入的了解。了解了本章的内容，将对这些音步的基础问题有更清楚的认识。

第一节　汉语的音步类型

这一节，我们主要讨论一个基础的问题，即汉语的音步类型。关于这个问题，虽有共识，但细节上仍存在不少差异，了解了这些差异，将有助于我们正确认识汉语音步的本质。下面是详细介绍。

一、汉语的音步类型

关于什么是音步，汉语韵律研究专家——冯胜利、王洪君、端木三、张洪明等都有涉及。他们对汉语的音步类型也都有过讨论，但是具体观点上有所不同。他们的观点大致可分为两种，一种是轻重型，一种是松紧型。下面我们首先介绍松紧型观点，此种观点主要体现在王洪君（2008）及沈家煊（2017）的相关研究中。

王洪君（2008）首先指出音步是音节之上的最小韵律单元，是由超音质韵律成分（轻重，或长短、松紧）倾向于等距离重现的、周期性的最小交替。这个音步的概念是个普通的概念，涵盖了不同语言的不同情况。也即从普通语言学意义上来说，音步既可以是轻重型的，也可以是长短型的，还可以是松紧型的。在具体论证汉语音步类型之前，她首先介绍汉语是属于"音步节奏"型的，这种节律类型的特点就是在语流中每隔两个或三个音节就有一次小的轻重或高低、长短的交替，形成语流中等距离出现的小的节奏单元。

对于汉语的音步类型，王先生主张汉语的节奏不是轻重型的，而是松紧型的，认为普通话的音步是内紧外松的最小单元。这一结论是基于怎样的观察呢，又是怎么得出来的呢？她是基于对比普通话和英语在母语者中的感知、重征在无标记语句中的关联、在高层强调中的表现等三个方面的情况，论证得出了普通话的重音难以分辨的结论。关于普通话一般的词重音难以分辨的原因，端木三（1999）也有论述。他指出，Fry（1958）发现，辨别重音所依赖的声学特征首先是音调，其次是音长，最后才是音强。英语的音调不区别词义，因此 man 无论读成什么调，都指"人"，所以英语可以通过变换音调来表达重音。汉语的音调要区别词义，不能随意改变。所以汉语失去了辨别重音的主要依赖特征。其次，普通话的轻声字都短，其他字都长，所以音长的变化也有限制，这样就失去了音长的辨别手段。剩下的只有音强，而音强是次要因素，同时还受元音高低和音调高低的影响。这一系列原因直接加剧了汉语词重音的判断难度。当然，判断难不等于汉语就没有重音。端木三先生一直坚持汉语有重音，认为有音步就有重音，还通过大量诗歌论证汉语重音的重要性。

之后，王洪君基于许毅（2002）的动态连续变调计算模型，指出音步内两字衔接处的声调曲线与音步之间两字衔接处的曲线会有明显差异。比如，如果单念三个数字"七、三、七"，则三字各成音步，结合松，每个字的 55 调都要有一个从中等音高 3 起始升到 55 的赘头和一个从 55 回复到中等音高 3 的赘尾，共计三个赘头和三个赘尾；而如果说是波音飞机的机型"七三七"，则只有第一个"七"有升的赘头，末一个"七"有降的赘尾，中间的两个赘头、赘尾都没有了，55 连成了一线。总之，王先生认为由于汉语声调的存在，松紧会对调型产生有规则的影响。因为其影响是有规则的，所以母语者仍可以还原出底层调型而区别语义。也因为有规则，母语者可以直接感知到松处和紧处的差异，感知到松紧的交替而形成节奏感。

关于王洪君先生普通话的音步是松紧型的结论，我们有几点观察。

第一点观察是母语者对重音的感知。从工作至今，讲语音的节奏已经大概有七八个年头了。每次讲节奏，都避不开重音。上课的时候，我都尝试用冯胜利老师以前给我们讲课时用过的"夸张法"来引导学生对重音的感知。所谓的"夸张法"就是当我们无法判断双字组中到底是左重还是右重的时候，可以先夸张地把左字重读，然后再夸张地把右字重读，让学生判断哪种重音符合语感。用"夸张法"判别出来的重音模式，大家的语感几乎都是一致的。比如，我们讲到汉语中最典型的同形词，如"生气、大家"。当其语义是"愤怒"时，"生"重；当其语义是"生机"时，"气"重。这样的方法，比较简单，但是通过这个方法，我们每次得出的结论都比较一致，这起码说明母语者对重音还是有感知的，而且能达成一致。

第二点观察是对"高层强调中重者更重"结论的补充。王老师举到的例子是"这是黄牛，不是拖拉机"和"这是我们家，不是银行"，我们在强调"黄牛"和"银行"时强调的到底是"黄"还是"牛"，"银"还是"行"。课堂上的测试结果仍然不一致，这种不同判断仍然还是因为母语者对重音的感知不同。我们可以换个例子，"这是谁的衣服？这是妈妈的衣服"，此时"妈妈"重读，无论如何都不可能将第二个"妈"重读，只会是第一个"妈"更重。也就是说，当我们讨论"高层强调中是否重者更重"时，可以反方向而行，即高层强调时会不会将非重音节重读了，如果非重音节重读了，这就违反了王先生提到的"重音型语言的非重音节是不能承负强调重音的"结论。

那么汉语中是否有非重音节承负了强调重音的情况呢？汉语中典型的非重音节就是轻声字，马秋武先生在2015年11月香港中文大学召开的第二届汉语韵律语法研究国际研讨会的主题发言中曾举到一个例子，"不是吃着，是吃了"，此时"着"和"了"是对比焦点，理应获得重音，但事实上并未获得重音。如果这一情况成立，那就说明汉语中的非重音节确实不能承负强调重音。而如果这一推论成立，那说明汉语起码在这点上跟重音型语言是一致的。

第三点观察，我们还以同形词为例，典型的同形词是一词多义，且没有轻声音节。也就是说其语音、词形都一样，如上面列举的"生气、大家"。声调完全一致，意味着声调区别语义的作用无从施展。词形也完全一致，意味着从字形上也无法再进行区分。此时，我们就看出重音的作用了。从这个角度来说，汉语中区别语义作用的首先是声调，如果声调不能区别，则启用重音，重音在汉语中也是有区别意义作用的。如果这一推论成立，那就说明重音在汉语中是客观存在的，并非可有可无，或者不存在。

基于以上观察，我们认为汉语的音步仍然是轻重型的，但是不是只有轻重型的，也即汉语可能不止一种音步类型，这就需要更多的观察和研究了。

同样持汉语节奏是松紧型观点的是沈家煊（2017），但该文只谈节奏，没有涉及音步。文章从中英两种语言出发，认为英语是语调显抑扬、轻重定顿挫，而汉语则是声调显抑扬、松紧定顿挫。核心观点是汉语节奏以松紧为本，松紧控制全过程，可以不顾及（不是违背）轻重规律。其推导论证的理论前提有如下四项：

首先，认为英语节奏是"重音定时"（stress-timed），汉语节奏属于"音节计数"(syllable-counting）或"音节定时"(syllable-timed）。

第二，认为汉语是"字本位"，每个字大致等重，双音复合字静态的时候是大致等重（次重–重），在动态语流中都可以"打包"使其变为前偏重，或者前字对比重读，短语则是放慢拉长的重–次重。

第三，区分重音（stress）和重读（accent），重音属于词汇，重读属于话语。而汉语则没有重音只有重读，即话语和语用上的"打包重读"。

第四，汉语音节高度的"单音调"为音节的松紧提供了更多的伸缩余地。

用这一理论前提解决的核心例子是赵元任（1975）中的"甜′瓜（次重–重）就是′甜瓜（重–次重）"。他认为如果用轻重解释，这里的问题显然过分复杂而又难以自洽，为什么这么说呢？他认为音理上"重–次重"比"次重–重"式紧，所以第二个"甜瓜"更像结构词，但实际情况却正好相反。赵元任先生认为前偏重的"甜瓜"其实是一种前字放慢拉长的格式，沈先生认为正是这个放慢拉长把前偏重的"甜瓜"从结构词变为短语，放慢拉长就是使音节组合由紧变松的关键所在。

对于上面的观点，我们有几个疑问：一是讨论汉语节奏是否应区分现代汉语和古代汉语。按照冯胜利先生的研究，古汉语韵律结构和现代汉语韵律结构不同，前者是韵素敏感，后者是音节敏感。这也就决定了前者是以"音节计数"的节奏。那么现代汉语是否还是"音节计数"呢？有没有英语中的"重音定时"？端木三（2016）认为汉语音步和重音密切相关，即从诗歌来看，汉语现代诗歌也是以重音为基础建立的音步。如果这样，就说明现代汉语有"重音定时"。事实是否果真如此，还需要更多的语料、更多的研究来支撑，我们这里指出的问题就是一定要仔细区分古代汉语和现代汉语。第二个疑问是，既然坚持字本位（这里的"字"等同于"音节语素"），认为每个字等重（这里的"字"应该理解为"音节"），双音复合字静态的时候也是大致等重，也即不承认汉语中"词"的地位，不认为汉语有词层面的重音，只有话语或语用上的"打包重读"。那么汉语中带轻声字的静态的双音复合字是否同样处理为等重？两个等重又同调的同形词，如"生气、大家"，又是如何区分的？能否像"甜瓜"一样，根据是否放慢拉长来区分？理论上，"每个字等重"的"重"是指音高、音长还是音强？没有定义。然而，汉语每个字的音长是不同的，如普通话三声的"马"要比四声的"骂"长。因此，如果"重"是音长的话，不能说"每个字等重"。显然，如果这类问题不一一落实，恐怕会有很多遗留问题。值得注意的是，赵元任先生举出的例子是"甜瓜（重–轻）是甜瓜（重–重）"，即把"甜瓜"从重轻格变成了重重格。而其所谓的重重格，就是说话人把重轻格放慢，让第二音节恢复本调。不仅如此，准轻重格的"好人（轻–重）"通过把"好"稍稍拖长就使得"好"跟后面的"人"变成定中修饰的句法关系了，而这样做的目的是把一个结构词变成一个可分析的短语。赵元任本意在说明，重音可以用来区分词和短语。沈先生例子中的重音位置似乎有误。

主张汉语音步类型为轻重型的学者以端木三、冯胜利为代表。端木三（1999）专门谈到了音步。他首先指出节奏就是轻重拍的交替，每交替一次叫一个"音步"，或称"双拍步"。他很重要的一个观点就是，音步和重音是共存的，有音步就有重音，有重音就有音步。如果只谈音步不谈重音，或只谈重音不谈音步，那都是不全面的。而且端木三（1998）认为汉语既拍莫拉（我们下文统一采用冯胜利的翻译——"韵素"）又拍音节。拍韵素可以解释为什么普通音节比轻音节重。拍音节可以解释为什么汉语有双音节现象，所谓的双音节现象指的是如下的情况：

（1）欧阳　端木　老李　小王　＊李　＊王

　　　上海　松江　沙市　通县　＊沙　＊通

即叫人时，单姓的名字前习惯加个"老"或"小"，复姓的名字前不加。单音节的地名后习惯加个"市"或"县"等，双音节的地名后不加。由此我们可以看出，端木三先生认为汉语的音步必然和重音共存，汉语的音步类型是轻重型的。不但如此，他坚持认为汉语的音步都是左重步。

　　冯胜利也认为汉语的音步类型是轻重型。冯胜利（1997）指出音步的"二分枝原则"其实就是韵律节奏中"轻重抑扬"的反映。没有"轻重"就没有节奏，没有节奏也就无所谓韵律。音步所代表的正是语言节律中最基本的角色，是最小的二分的轻重片段。[①] 然后他采用学界最普遍的说法，把汉语的音步类型分为双音节的"标准音步"、单音节的"蜕化音步"和三音节的"超

---

① 冯胜利这里的轻重概念应该理解为"相对凸显"(relative prominence)，因此，这个概念不仅包括"轻重"，也包括"长短""缓急（松紧）""高低""停延"等韵律对立。

音步"，之后在冯胜利（1998）中又专门谈到了汉语的"自然音步"。由以上叙述可以推知冯先生也认为汉语的音步类型是轻重型的，而且冯胜利（2016）特别提出并论证了北京话是一个重音语言，下面有详细介绍。与此同时我们也发现冯胜利先生与端木三先生在汉语音步类型的认识上还有一些差异。差异主要表现在以下几个方面：

首先，冯胜利先生认为汉语的音步，只拍音节。而端木三先生认为汉语的音步既可以拍音节，也可以拍韵素。分歧体现在汉语是否拍韵素。关于这点，冯胜利（1998、2005）都曾谈到，他主要是从汉语的韵素缺乏足够的长度、现代汉语音节自身的长度已经没有明显的轻重之别，以及现代汉语不允许"音节重建"等三个方面来论证的。

关于汉语的韵素缺乏足够的长度这一点，冯胜利先生从现代汉语及汉语演变的角度都给出了解释。冯胜利（1998）主要从现代汉语的角度论证汉语的单音节不足以构成一个音步，这跟汉语的韵素缺乏足够的长度直接相关。举例如英语的"I"[ai]，初学英文的中国人都读成"爱"，初学中文的美国学生都把"爱"读成"爱姨"，把"爱"里的 [i] 发得过长、过清晰。这说明英文中的每一个韵素都在时间上占一定的位置、一定的长度。因此在发 [ai] 时，从 [a] 到 [i] 的动程十分清晰，这样的两个韵素自然可以构成一个音步。而汉语的韵素因为缺乏足够的长度，所以音步必须在音节这一层级上满足"抑扬轻重"的二分要求。从语言演变的角度来解释，主要体现在冯胜利（2005）收录的《汉语双音化的历史来源》一文中。他认为上古汉语音节的短化，不仅仅是一般的"丢失尾辅音",还会造成该语言韵律结构的根本改变。何以如此呢,冯先生认为当韵尾辅音被声调取代的时候,汉语音节韵母所包含的韵素日见其少,致使很多音节成为"单韵素"音节。而音步至少包含两个成分的要求,因此"单韵素"音节无法构成独立的音步。也正是因为单韵素不足以满足音步必须分枝的要求,双音节音步才应运而生。

但上面的分析会使人产生疑问,上古音节的演变并未取消所有的双韵素音节(CVC),那些保留下来的双韵素音节不是仍然可以构成韵素音步吗?由此也引出了第二个原因,即现代汉语音节自身的长度已经没有明显的轻重之别。冯胜利先生(2006)举例说到北京人说话并不感觉到"姜 jiāng"(CMVC)与"八 bā"(CV)有什么长短与轻重的不同,尽管前者的音节长,后者的音节短。韵素虽然有多少之别,但并不反映发音上的轻重与长短,这种现象说明汉语的音步不以韵素为单位。由此他认为汉语的音步不以韵素为单位,而这跟汉语声调的作用直接相关。那也有人会说了,如果汉语像英语一样会发生"音节重构",那么汉语中的单韵素音节是否也可以通过"音节重构"的方式实现为双韵素音节,从而可以构成双韵素音步呢?冯胜利先生认为就现代汉语来说,不允许"音节重建"这种语音运作。如 lǐ-níng 不能读成 *lǐn-níng,tiān-ān-mén 不能读成 *tiā-nān-mén。他指出这是因为现代汉语的"音节重建"不能在带调词之间发生,而只能在无调情况下出现。而这也是因为声调的作用。

其次,端木三先生将汉语的单韵母都分析为双韵素,冯先生则仍然分析为单韵素。冯胜利先生上面提到的"八 bā"(CV)可以作为佐证，这里主要举端木三先生的分析。端木三（1999）所举的汉语既拍音节又拍韵素的例子就很好地说明了这个情况。他将"大妈"分析为 [taa maa]，在他的音节分析中，现代汉语的轻声音节是短音节，如他将"妈妈"分析为 [maa ma]。而这一音节结构分析的不同，直接导致了两人对于汉语音步类型的不同分析。其核心问题在于单韵素和双韵素在现代汉语词汇和短语里有无对立。端木三先生看到的是实词和虚词之间的韵素对立（显然没有错），而冯先生主张的是实词没有韵素多少的对立（这也是事实）。

第三个，也是最重要的一点区别就是，端木三先生认为汉语的音步是左重步；根据音系原理，每个音步必有重音，重音和音步共存。我们以端木三（2000）中举到的两字组的音步为例，他指出，如果汉语的音步是左重步，情况就不那么简单了。双音节的单词，如"日本、荷兰"等，是左重步，"番茄、研究"一类也可以同样处理。词以上的结构里，两个字是不是在同一个音步里要看哪个字更重。如果前面的字重，两个字可以组成一个左重步。如果后面的字重，两个字就不能组成一个左重步，它们也就不能在同一个音步里。而词以上的结构，判断哪个字重的规则就是"辅重论"。由此，"皮鞋"和"养鱼"的音步分析也就有所不同，前者可以组成一个左重步，因为根据"辅重论"，"皮"重。后者不能组成一个左重步，因为"鱼"重，因此"养"是自由音节，"鱼"后加空拍组成一个左重步。而"皮鞋"和"养鱼"在冯胜利先生的分析中，应该都是一个双音节音步，也即标准的韵律词。

　　由上面的区别我们可以看出，虽然同样认为汉语的音步是轻重型的，但是端木三先生的音步分析主要基于两个前提：一是汉语的每个音步都有重音，且都是左重步。根据端木三（1999），之所以认为是左重步，是因为多音节词从左到右分成双拍音节步，重音落在奇数音节上。二是辅重论，即辅助词比中心词重。这种音步分析在其系统里解释了很多汉语的词长选择问题，如为什么动宾结构只有 2+1 不好，为什么偏正名名结构 1+2 不好。由此可以看出，端木三先生一直努力尝试用音步及重音理论来解释汉语的词长选择及词序问题，是音系化的解释。

　　冯胜利先生的理论，首先分为韵律构词和韵律句法两大块。在音步的构建上，更强调音步整体的作用，表现出来的主要是长短问题，鲜有利用音步内部的重音。冯胜利（2001a）中就明确提出，韵律构词的"靶心"是"长度"，而不是重音（stress）。冯胜利（2004）中也指出汉语的构词韵律是音步而非重音，汉语构词的韵律现象只能在汉语构词学的领域中得到解释，而不属于音系学中词汇重音的问题。[①]

　　冯胜利先生提出了韵律构词的重要规则——"左向造语，右向构词"。他将音步的方向与语法的词、短语联系起来，明确指出："一般而言，2+1（右向音步）是构词形式，1+2（左向音步）是造语形式。"这里的"一般而言"指的是"就构词法范畴而言"。据此，冯的系统中将音步、韵律词、复合词贯穿起来，因为只有右向音步才是自然音步，同时只有自然音步是构词音步，

[①] 当然，这并不意味着构词的韵律不是音系韵律，只是音系韵律用到构词范畴后的性质不同而已。这一点非常重要，读者要特别注意，以免误解。

所以 2+1 的韵律词才能产生合法的复合词。于是有"电影院、造纸厂"等合法形式。而且也解释了"开玩笑、泡蘑菇"等 1+2 动宾形式、"摆整齐、写完整"等 1+2 动补形式以及"小雨伞、红灯笼"等 1+2 偏正形式不能成词的原因。不仅如此，他还用这一规则解释了汉语中动宾倒置的问题，如"军马饲养方法"与"*饲养军马方法"的对立。

这里需要重点推介的一篇论文是冯胜利（2016），这篇论文第一次明确提出北京话是一个重音语言。文章的核心结论是北京话是以音节节律为单位实现轻重且直接影响词法和句法的重音语言，该文明确提出谈重音不能不涉及音步，音步和重音密不可分。并将以往的左向、右向与重音联系起来解释汉语的韵律构词现象，例如以往解释汉语中的"复印件"和"印文件"主要根据"左向造语，右向构词"原则，认为"右向音步"是自然音步，是构词音步；"左向音步"是不自然的音步，是造语音步。现在则同时用重音的分析来相互佐证。认为扬抑格的音步是默认的自然音步，在汉语里是构词的最基本形式。与词对立的是短语，因为扬抑为词，抑扬为语。从而认为北京话构词法中语素组合的"向"直接反映出北京话音步的"向"及其与重音的关系。这篇文章里还区分了北京话重音的不同层级以及北京话里轻重对立的语体功能等，最终论证了北京话是一种重音语言。同时也展示出重音问题的复杂性，即人类语言在声调和重音方面并非简单地表现出要么声调要么重音的单纯现象，两者可以同时共存于一种语言当中。

除了王洪君先生的松紧论、端木三先生和冯胜利先生的轻重论之外，张洪明先生也提出了自己的看法。张洪明（2014）首先指出音步是韵律结构层次里音节之上、韵律词之下的韵律单位，是某些音段音系规则的作用域。并指出韵律音系学中的音步定义与系统化的二元节律对比特征相关，如重音语言中，音步通常由一个强音节和一个弱音节组成，强音节承载主重音。因而一个语言是否存在音步这一韵律单位，取决于它在词层面有无系统的二元节律凸显特征对立，诸如轻重、长短、高低、强弱等。他认为普通话语音结构缺乏这种系统的二元节律凸显特征对立，因为普通话就不存在韵律音系学意义上的音步。但是该文中并没有详细论证为何汉语普通话中不存在系统的二元节律凸显特征对立。

　　基于以上观察，我们赞成汉语的音步是轻重型的，因为任何语言的韵律都是相对凸显的结果，因为汉语中确实存在重音（既有狭义的重音，也有人类共有的相对凸显）。最典型的例子就是声调完全相同的同形词"大家、生气、风化"等，其区别语义的方式是重音，而且只有重音。同时我们采用冯胜利先生的观点，认为汉语主要拍音节，不拍韵素。他从现代汉语及其历时演变的角度展开的论证是站得住脚的，论据也很充分。至于汉语音步重音的位置是否固定，是否一律左重，我们对此有如下看法：

　　端木三（1999）认为汉语的音步是左重步，是因为多音节词从左到右分成双拍音节步，重音落在奇数音节上。我们这里以四音节、五音节和六音节的音译词为例，"坦桑尼亚、布尔什维克、捷克斯洛伐克"，其重音会受到语体的影响，有两种不同的重音：书面正式语体，重音落在偶数音节；口语非正式语体，重音落在奇数音节。因此关于汉语音步重音的位置，我们认为可以有不同。当然端木三老师的左重步，主要基于一种理论假设，他用这一假设解释了汉语中的词长及词序问题，无疑有着很强的解释力。这是否从反面证明了汉语的音步确实是左重步，还需要我们做更多的探索研究。

二、汉语音步的命名

王洪君（2008）指出，尽管学界对普通话节奏小单元的存在没有不同意见，但对这些小单元的名称和性质，却有分歧。其中陈渊泉和石基琳（Shih，1986）把普通话中两音节的节奏单元称为"音步"，三音节的称作"超音步"。冯胜利（1997）把普通话节奏单元中含两个正常声调的音节称作"标准音步"，三音节的称作"超音步"，一正常音节一轻声音节的称作"残音步"，一正常音节加延音的称作"蜕化音步"。但陈渊泉（2001）弃"音步"之称而改称"（普通话）最小节奏单元"，按王洪君先生的推测，很可能是因为西方"音步"的定义是"重轻的一次交替"，而普通话这些两三个音节的节奏小单元，是否由重轻交替构成（如果是，是前重还是后重），学界很有分歧，陈渊泉先生多半是因为不同意普通话是轻重交替这样的观点，才放弃这一术语的。

王洪君先生认为不必把"音步"派给重轻型节奏单元专用，既然普通话在音节之上确实有两三音节的节奏单元，就仍然可以称为音步，她的音步命名与冯胜利（1997）基本一致。下面我们具体介绍冯胜利先生提到的汉语音步的命名：

　　一般认为，汉语最基本的音步是两个音节。就是

说，双音节音步是最一般的，尽管单音节音步跟三音
节音步也是存在的。为节省篇幅我们对此不做详细的
论证，而采用最一般的说法（郭，1938；冯，1994；
Chen，1979；Shih，1986），把双音节音步作为汉语最
小的、最基本的"标准音步"，把其他音步形式看作标
准音步的"变体"：单音步是"蜕化音步"（degenerate
foot）；三音节音步是"超音步"（super foot；详论见
Feng，1995）。"蜕化音步"跟"超音步"的出现都是有
条件的。"标准音步""超音步"跟"蜕化音步"之间的
不同在于：在一般情况下，标准音步有绝对优先的实
现权，因为它是最基本的、最一般的。超音步的实现条
件是：在一个语串中，当标准音步的运作完成以后，如
果还有剩余的单音节成分，那么这个/些单音节成分就
要贴附到一个相邻的双音步上，构成三音步（参Chen，
1979；Shih，1986）。"蜕化音步"一般只能出现在以单
音节词为"独立语段"（independent intonational group）
的环境中，这时它可以通过"停顿"或"拉长该音节的
元音"等手段去满足一个音步。

我们也主要采用这样的命名方式，并重点研究汉语的三音节
音步，也叫超音步。这里还有一个问题需要交代清楚，是否所有
的三音节都是三音节音步呢？我们在后面的行文中，有时用三音
节，有时用三音节音步，有时又用三言，这纯属行文需要。对于
早期萌芽时期的研究，整个学界还没有引入音系学"音步"的概
念，因此在表述的时候大多使用的是"三音节"，我们为尊重原

文，也为遵循学术发展的脉络，涉及早期萌芽时期的研究用"三音节"。到了后期理论研究深入时期，不同学者侧重也有不同，比如从音步入手解释问题的，多半会涉及音步的称呼，如冯胜利主要从音步的反向性入手，强调三音节音步的"左向造语，右向构词"。端木三先生主要从辅重论入手，推导音步的重音，看其是否违背了重音规则，故而他也强调三音节音步或超音步的概念。但是像吴为善先生，虽然他的体系里也有音步这一概念，但其主要从结构的松紧出发，并寻求语义的解释，因此也就不强调超音步这个概念了。我们在介绍这些学者的观点时，为尊重原文，很多时候就直接使用了原文中的表述。包括后期谈到三音节音步的历史起源及三言诗的发展，"三言诗"是学界广为人知的称呼，根据冯胜利先生的研究，并非所有的三言诗中的三言都是三音节音步，或者说三言诗中的"三言"基本上都不是三音节音步，只有成熟的五言诗中才有成熟的三音节音步。因此"三言"和"三音节音步"是两个不同的概念，前者是从诗歌的角度出发的，重在说明诗歌字数，后者是从音系学角度划分的汉语音步。以上是对行文中几个重要术语"三音节""三音节音步"和"三言"的使用说明。

但我们仍然没有回答，是否现代汉语中所有的三音节都可实现为三音节音步。这个问题，恐怕也很复杂，这里我们谈一点自己的粗浅认识。从上面的讨论中，我们认为汉语的音步是轻重型的，也即是轻重交替的。那我们是不是可以这样理解，只要三音节有自身的轻重交替，而且其中的单音节又不能自成音步，我们就可以认为其就是一个三音节音步。因为只有轻重交替还不够，如果其中的单音节可以自成音步，就构成了两个音步，而不是一个三音节音步了。那如何才能知道其中的单音节是否自成音步了呢？根据前面的研究可知，汉语中单音节一般都不能自成音步，除非居于停顿前，通过声音的延长来实现。既然单音一般都不成步，那么只要三音节有轻重交替，我们就可以判定其为一个三音节音步了。汉语的三音节，无论是 2+1 的"电影院、裁缝店、管理员"，还是 1+2 的"打游戏、新邻居、深呼吸"，都有内部的轻重交替，包括 ABB、BBA 这样的重叠结构。因此我们认为汉语中的三音节除了其中的单音可自成音步的，都可以组成一个轻重交替的三音节音步。

以上我们主要讨论了音步的一般概念，然后重点介绍了汉语的音步类型及具体命名。下面，我们将聚焦三音节音步的一般韵律特征，既然是三音节音步的韵律特征，必然与单音节音步和双音节音步有所不同，具体表现在哪里呢，且看下面的分析。

第二节　三音节音步的韵律特征

三音节音步的韵律特征具体有哪些？有关这个问题，论述较集中的是冯胜利（2006），文章第一部分即讲到了三音节音步的一般韵律特征，下面我们介绍其相关说法。那么究竟三音节音步的韵律特征有哪些呢？他认为主要有被迫性或派生性、长度、反向性、伸缩性、松紧性五个特性。

首先来看三音节音步的被迫性或派生性。关于现代汉语的音步，一般都认为单音不成步。如果单音不成步，双音节音步又是标准音步，顺理成章地，三音节音步便会应运而生。那可能有人说了，为什么单音就不成步呢？我们对话中经常说，"谁？""我！"。这里的"谁"和"我"都成了句子了，难道还没成音步？下面我们就来回答一下这个问题。

汉语韵律构词学中所谓的单音不成步，是有理论依据和语言事实支撑的。本章第一节已经介绍了冯胜利先生论证汉语为何不拍韵素的原因，这里需要补充的是，只是说明汉语不拍韵素还不足以直接证明汉语的单音节就一定不能成步。

2013 年 3 月笔者参加香港中文大学主办的第一届汉语韵律语法研讨会，曾就这个问题请教过王洪君老师。王洪君老师认为，韵素音步的前提有两个，一个是拍韵素，还有一个是音节的韵素数目是固定的 2 个。有的语言拍了韵素音步，但该语言中单音节不一定会自成音步，这还需要看其音节中韵素的数目是否固定。比如有的音节 2 个韵素，有的音节 3 个韵素，这可能就很难说这种语言的单音节会自成音步。我们可以将其观点总结为，如果一种语言拍韵素，其单音节也不一定成音步。反过来，如果单音节可以自成音步，仍然很难说其拍韵素。因为单音节如果在停顿前，就可以加空拍，这时候单音节成步了，但此时我们不能因此判断其拍韵素。

我们可以看出王洪君先生的认识主要基于普通语言学的角度，对于现代汉语来说，其韵素数目是一定的，"小不少于一，大不超过二"，因此如果拍韵素，则单音必然成步。反过来，如果单音成步，我们仍然不能断然说其拍韵素，因为停顿前单音可以加空拍成步。我们这里需要证明的是为何单音不成步，首先需要证明汉语不拍韵素，如上所言，拍了韵素就单音必成步。但只是证明不拍韵素，还不足以证明单音不成步，还要证明汉语拍音节，这就需要理论的支撑了。

从理论上来说，冯胜利先生认为单音不成步主要由两条重要的原则推导而来，这两条原则就是"相对轻重律"和"音步二分律"。"相对轻重律"指出人类语言中的轻与重不是绝对的：轻相对重而言，重也离不开轻。而"音步二分律"实际是由"轻重相对律"决定的。他继而认为如果现代汉语的音步以音节为单位，根据这两条原则可以推出以下两条定理：

一是单音节成分不足以构成一个独立的音步；二是三音节组合不能构成两个音步。因此，挂单的第三个音节必然要贴附在一个双音步之上，于是构成三音节音步。如下图所示：

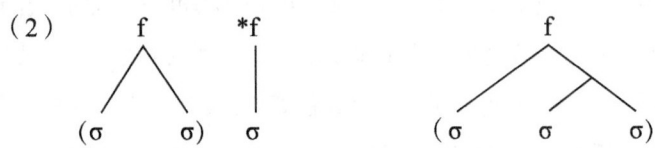

（2）

不仅如此，冯胜利（1998）发现了汉语中的"自然音步"，而汉语自然音步的存在，就直接否定了单音节音步的独立。也正是因为单音节不成步，所以必须依附在双音节音步上，于是构成了三音节音步。由此可见三音节音步的被迫性或派生性。

其次是三音节音步界定了汉语音步的长度。从汉语音步的类型上看，三音节的独特性还表现在它大于一个标准音步而又不足两个音步。于是介乎双音节标准音步和四音节复合音步之间。由此，汉语音步的基础单位可以概括为"小不减二，大不过三"。

第三个特性是反向性。冯文指出，如果从两级式区别性特征的语音分析法来看的话，那么三音节音步不仅可以和双音节音步形成两级的对立，同时它自身的结构也可以构成 1+2 或 2+1 式的两级对立。而这种结构的对立，就不可避免地使它们在音步实现的方向上产生巨大差异：2+1 是左起音步，1+2 是右起音步。这就是三音节音步自身独具的"反向性"，其他的音步类型望尘莫及。比如双音节音步就是一种"无向音步"，因为对于 1+1 来说，不存在"左向"和"右向"的区别，因此也就不构成"词 / 语"音步的分界。

而三音节音步的"反向性"在汉语中具有区分构词和短语的形态功能，如"复印文件"是 2+2，既可理解为动宾短语，也可看成是偏正性名词。但如果是 2+1 的"复印件"，则只能是偏正性名词；变成 1+2"印文件"，则只能是动宾短语。同时三音节结构在（核心）重音的实现上也反映出了强烈的对立：1+2 的重音在后，而 2+1 的重音居前。原因很简单：2 比 1 重。这就是为什么"*酒工厂、*帽商店"等 1+2 名词复合不能说，以及"*阅读报、*购买书"等 2+1 动宾不上口的韵律原因，因为前者要左重，而后者必右重。

第四个是伸缩性。三音节的被迫从属性又导致了它的伸缩性。这主要体现在两个方面：一方面，在标准音步的强大压力下，三音节音步在一定的情况下可以压缩成一个双音步。另一方面，在特定的韵律条件下，它又可以伸展成两个音步。前者如（3），后者如（4）：

（3）丈母娘→ zhangm-niang　　大拇指→ dam-zhi

　　　电冰箱→冰箱　　　　　　手电筒→手电

（4）（狡兔）（死＿），（走狗）（烹＿）

　　　（左＿）（牵黄），（右＿）（擎苍）

　　我们需要指出的是，伸缩性并不是三音节所独有的，吕叔湘（1963）也曾指出，由于单音节和双音节有通过扩充和压缩互相转换的可能，我们常常可以看到同一内容有时候用四个字来说，有时候用两个字来说，也就是有伸缩的可能。但是并不是所有的组合都能这样伸缩，有的只能用四个字，有的只能用两个字。吕先生认为这完全是习惯问题，也就是熟语性的问题。但他注意到，很少有能伸缩成三音节的。比如：

（5）四字／两字　　　　　　四字／两字

　　打扫街道／扫街　　　　打扫房屋／扫地

　　编写剧本／编剧　　　　编辑资料／编报

　　保护森林／护林　　　　保护文物／保墒

　　他同时也指出，这种动宾组合有的可以改为三音节，但是限于单音动词加双音宾语，不能倒过来。例如可以说"扫街道、编剧本、编资料"，不能说"*打扫街、*编写剧、*编辑报"等。不仅如此，吕叔湘先生还指出汉语中的"大学、中学、小学"曾经称为"大学校、中学校、小学校"，后来也都从三音节缩成两音节了。其他还有作为学科的名称"物理学、生物学"，可以说成"物理、生物"。这些都是三音节缩成两音节的例子。而两音节却不必扩充成三音节，例如办公厅、办公室的领导人就叫"主任"，不叫"厅主任、室主任"。

　　我们引用上面这段话主要想说明，一方面伸缩性并非三音节所独有。另一方面，三音节在伸缩时，主要是三音节压缩成双音节，而很少双音节伸展成三音节。由此我们可以用音步的相关知识加以解释，因为双音节音步是标准音步，最关键的三音节音步的产生直接由单音不成步导致，因此当双音节已经自成音步，且没有落单的单音节的情况下，三音节音步是形成不了的。这就是为什么很少有双音节可以伸展成三音节的最主要原因。

　　上述各种属性直接导致三音节结构松紧的不同，也即我们所说的松紧性。冯胜利先生是这样说明三音节音步的松紧性的。首先，如果右向构词，左向造语，那么毫无疑问，右向音步紧，而左向音步松。这是从词汇和短语之间的松紧来看。如果从三音节中的"单"可延长为一个音步的情况看，也同样 2+1 紧，而 1+2 松。因为右向音步里，单音的延长在三音节结构之外；而在左向音步里，单音的延长在三音节结构之内。我们知道松紧性也不是三音节音步所特有的，双音节音步内部也存在松紧问题，松的多为语，紧的多为词。可以推断，哪里有结构，哪里就有松紧。问题在于音步的松紧是否标记了不同的语法性质，或标记了不同的语义。三音节音步松紧性与其语法性质有一定的关联，这在吴为善及柯航的研究中，有充分的体现。但松紧与松紧也有不同，双音节音步的松紧，没有音步实现方向的不同，其本身是无向音步；而三音节音步则有两种音步实现方向，一种是左向的，一种是右向的，左向和右向分别标记了两种不同的语法性质，这在冯胜利先生的研究中可见一斑。

　　正因如此，冯胜利先生认为三音节音步并不简单，其具有多种类和多层次的语言属性。值得注意的是以上提到的几种韵律特征中，被迫性或派生性、反向性是其独有的特性，伸缩性和松紧性则是别的音步也具有的韵律特征。同时感谢匿名审稿人提出的建议，即他认为 2+1 中的 1 有尾部延长（final lengthening），1+2 的 1 没有尾部延长。这一点，从没有预设的、纯韵律的角度可以算出来：1+2 之间的空隙是天然存在的，1 要想独立相当容易；然而 2+1 的 1 要想独立，需要添加中间的空隙，由此他认为以往的研究没有注意到纯韵律的解释。

以上为三音节音步的一般韵律特征，而学界对三音节音步关注最多的则是其语法属性，即我们这里指出的反向性，也即 1+2 和 2+1 在汉语中区分构词和造语的形态功能。这部分将在第四章里做详细的介绍。

思考与练习

1. 根据上面的介绍，你更赞成汉语的音步类型是轻重型还是松紧型？给出理由。

2. 你认为汉语中的非重音节能否承担重音？举例加以说明。

3. 举例说明三音节音步不同于标准音步的韵律特征。

3

三音节音步的韵律构词形态

　　第二章里，我们主要介绍了汉语的音步类型及三音节音步的韵律特征。认为汉语的音步仍然是轻重型的，是拍音节的音步。具体的音步主要有单音节的蜕化音步、双音节的标准音步和三音节的超音步。同时也谈到了三音节音步的韵律特征，并指出被迫性或派生性、反向性是其独有的特性。这一章里，我们将紧密结合三音节音步的韵律特征中很重要的"反向性"特征加以展开，从而论证三音节音步在区别构词和造语方面的形态功能，我们将之称为三音节音步的韵律构词形态。

　　如第二章第二节中指出的，冯胜利先生认为三音节音步的"反向性"特征在汉语中具有区分构词和造语的形态功能。如"复印文件"是 2+2，既可理解为动宾短语，也可看成是偏正性名词，但如果是 2+1 的"复印件"，则只能是偏正性名词；变成 1+2"印文件"，则只能是动宾短语。而有关三音节组合中单双音节搭配的问题，也即我们这里的"反向性"问题，学界早有关注，并且是目前关于三音节音步研究中最为充分的部分，研究队伍甚是广泛。如崔四行（2012）所指出的：学界在郭绍虞和吕叔湘两位前辈研究基础上展开了对三音节结构的研究，前期研究成果主要集中在动宾结构、定中结构、主谓结构和动补结构上，如吴为善（1986、1989、2006），周荐（1997、2003、2006），张国宪（1989、1990、1996、2004、2005），刘丹青（1996），陆丙甫和端木三（1991、2002），端木三（1997、1998、1999、2000、

2007）、冯胜利（1997、1998、2000、2001、2005、2006）、王洪君（2000、2001）、王灿龙（2002）、王启龙（2003）、周韧（2006）、匡腊英（2006）、柯航（2007），等等，都从不同角度进行了相关的论述和研究。

应当补充的是，除了以上提到的学者之外，洪爽（2009）、邱金萍（2013）等也对三音节的韵律进行了研究，其中邱金萍重点关注三音节无义字串、名名结构等，洪爽则重点研究状中结构的韵律特点，也涉及三音节的状中结构研究。研究者众多，必然带来不同的观察角度及理论解释，崔四行（2012）中按照其理论基础的不同，将其分为以下派别：

1. "辅重原则"和"深重原则"。"辅重原则"以陆丙甫、端木三（1991、2002）为代表，"深重原则"以 Cinque（1993）为代表。"辅重原则"认为：在句法结构"核心–非核心"或者"非核心–核心"中，非核心成分获得重音，这一原则成功解释了"*表演戏/演戏剧"以及"煤炭店/*煤商店"的对立，但也面临挑战，即无法解释"喜欢钱/研究人""大房间/新皮鞋"的合法性。"深重原则"认为：短语重音是结构内嵌深度的直接反映，认为在论元–核心词结构中，论元得到重音。在附加语–核心词结构中，核心词得到重音。成功解释了动宾结构 1+2 合法、2+1 非法的对立，以及定中结构中 1+2 合法、2+1 非法的对立。但也面临挑战，其无法解释 2+1 动宾结构"喜欢钱/研究人"及 2+1 定中结构"贫困生/糊涂人"的合法性。

2. 冯胜利的"'左向造语，右向构词'说"。冯胜利（1998）提出"左向造语，右向构词"原则，以形式句法为根基，探讨韵律制约句法的规律，认为按照自然音步（右向音步）组合的形式和按非自然音步（左向音步）组合的形式，必然会反映出两种不同的语法性能。强调：一般而言，2+1 右向音步是构词形式，1+2 左向音步是造句形式。他认为也正是因为只有右向组合的音节才是自然音步，同时只有自然音步是构词音步，所以只有 2+1 的韵律词才能产生合法的复合词。于是有"电影院、造纸厂"等合法形式。而且还可以解释"开玩笑、泡蘑菇"等 1+2 动宾形式、"摆整齐、写完整"等 1+2 动补形式以及"小雨伞、红灯笼"等 1+2 偏正形式为何不能成词的原因。

3. 以语义为基础的研究。持此类观点的学者以吴为善（1986、1989、2006）、王灿龙（2002）、周韧（2006）、端木三（2005、2007）以及柯航（2012）为代表，其根本观点认为单双音节搭配的成因以语义为其内在根源。吴为善（1986、1989、2006）的"松紧匹配原则"认为 1+2 和 2+1 的音节组合有松紧之分，动宾结构属于松的结构，所以应该匹配 1+2 这样松的音节组合。面临的挑战是：既然动宾结构是松的结构，为何 2+1 动宾结构依然存在。柯航（2012）在"松紧匹配原则"基础上建立了"关联标记模式"，将音节的松紧和语义的松紧匹配起来，认为2+1"紧音节"和"语义紧"之间是无标记的，和"语义松"则是有标记的。面临的挑战来自定中结构，按照"关联标记模式"，定中结构"语义紧"应该和"紧音节"建立无标记关系，但事实上却和"松音节"建立了无标记关系。

4. 王洪君的"重音无关说"。王洪君（2001）认为音节搭配常规是汉语史上双音化历程和单双音节语法功能分化造成的，与重音无关。认为同为辅助成分，名词性的定语 1+2 不好，而形容词性的定语却是 1+2 最好，说明音节单双搭配和配列的成分选择有关。面临的挑战是配列中成分一致的情况，如形－名定中结构中为何 1+2 好，而 2+1 不好。

5. 整体性原则。由崔四行（2012）基于三音节状中结构的研究而提出，该文将三音节结构整体的句法性质和其韵律结构相结合。因为状中结构本是造语结构，因此 1+2 应该是其节律常规，而且 1+2 是左向造语音步。但其研究发现，AV 状中结构中有两类性质不同的 1+2，一类如"深呼吸、粗加工"趋于成词，一类如"早准备、乱批评"趋于成语。由此"左向造语，右向构词"说在这里解释不通。辅重论也解释不通，因为非核心词也没有表现出重的特征。从状中结构的研究引出句法还是决定因素的结论，真正贯彻了"句法决定韵律，韵律制约句法"的韵律句法学核心精神。

因为考虑到早期萌芽时期前辈学者的研究很多只是零星涉及而没有理论建构，这一时期我们主要按照时间顺序来介绍，而介绍 20 世纪 90 年代以后的理论成熟期时，则以理论派别为主。

第一节　萌芽时期的研究（20世纪50年代到70年代）

从目前掌握的材料来看，这一时期的研究除了吕叔湘（1963）之外，还有陆宗达、俞敏（1954）及陈建民（1979）也应引起足够的重视。

其中陆宗达、俞敏（1954）中涉及了较早的关于现代汉语韵律的相关研究。其关注的是重音，提出北京话的重音模式一共有四种是最基本的。第一种是重轻，如"房子、哥哥、朋友"等；第二种是中重，像"旮旯儿、天天、茶叶"等；第三种便是关于三音节的"中轻重"模式，其举到的例子有"萨其马、胳连瓣儿、冷孤丁、搬不倒儿、黑忽忽、磨洋工、看不见、天津卫"[①]；第四种是中轻中重，像"胡胡都都、胡里胡都、稀里胡都、黑不溜秋、走不出去、狗仗人势、阿弥陀佛"。他们认为别的格式都是由这几个格式加上点儿别的造出来的，比方"伙计"重轻，"伙计们"重轻＋轻。他们对三音节内部结构 1+2 和 2+1 格式没有过多的涉及。

陈建民（1979）关注了汉语中的单双音节搭配的问题。陈文一开头就提出两个二音步的四音节是汉语里一种主要的节奏倾向，并举了一个生动的例子：

> 相传宋太祖赵匡胤和宰相赵普来到朱雀门下，看见匾额上写着"朱雀之门"，太祖就问赵普为什么要加一个"之"字，赵普回答他"之"是语助辞。太祖当时讥笑着说："之乎者也，助得什么？"

那么是不是真如宋太祖所言，"之乎者也"助不得什么呢？陈建民先生认为并非如此，助词的用与不用，有时候跟调整音节有关。其举例如《诗经》中把一个双音词拆开，然后用"之、兮、哉"等助词做"衬字"凑成四个音节。如"颠之倒之、挑兮

---

① 此处引用的例词有些与现在的词写法不同，此处沿用作者的原写法，不做修改。后同。

达兮、优哉游哉"。有些不足四音节的也用助词凑足，如"北风
其凉、薄言采之、之子于归"中的"其、言、于"也主要是用来
凑足四音节的。不但如此，流传最广的成语几乎也都是两个音步
的四音节。有些成语不足四个字则增添虚词或实词，或加上重复
的字眼，以凑足四个音节。这类例子如"弥天大罪、短兵相接、
微乎其微、久而久之"等。但其没有说明为什么需要调整音节。

　　与此同时，陈先生在谈到一般四音节与非四音节的比较时也
涉及了三音节的问题。他指出：

　　　　"准备耕种"是两个二音步，读起来上口。说成
　　"准备耕"或"要准备耕"就不上口了。前者一双一单，
　　不平稳，后者一双夹在两单的当中，总不如读成两个二
　　音步来得顺口。三音节的语音段落是1+2，不是2+1，
　　因此"准备耕"（2+1）要么压缩成双音节"备耕"（1+1），
　　要么扩充为两个二音步"准备耕种"（2+2）。类似的例子
　　有：不说"等等人、等等地"，而说"等人、等地"。不
　　说"后边院、前边楼"，而说"后院、后边院子""前楼、
　　前边楼房"。可以说"按照时间（完成）"，不能说"按
　　照时（完成）"……偏正结构"凉白开水"是1+3，节
　　奏不平稳，常说成"凉白开"（1+2）。如果是动宾结构的
　　四字短语，其语音段落1+3还是可以站得住的，如"排
　　电影票、跑一百米"。可见音节数目的搭配，还要受组
　　合性质的制约。

　　由此可以看出，陈先生主要指出了两个问题：一是认为三音

节的语音段落是 1+2，而不是 2+1；二是意识到音节数目的搭配
还要受组合性质的制约。现在看来，恐怕第一条是站不住了，三
音节音步中 1+2 和 2+1 都是常见的音步组合，关键要受组合性质
的制约。陈先生提到的这些个例子，多半是对吕叔湘（1963）的
补充，仍然没有理论意义上的实质性探索。除此之外，陈先生
在谈到散文节奏时也指出有些单独站不住的语言片段，进入更
大的片段后就站住了，如"参加会议"不能单独说成"参加会"
（2+1），但前边出现别的成分，说成"他也来参加会"就站住了。
认为这里似乎不全是语法问题，也有音节问题。陈建民先生的研
究为后来学者研究汉语音节搭配提供了很多语言事实，并促发了
后人对汉语节奏的研究，有很重要的启蒙价值。

第二节　初步发展时期的研究（20 世纪 80 年代）

从吕叔湘先生到陈建民先生，之间沉寂了 16 年，从陈建民
先生到吴为善先生，中间又沉寂了 7 年。20 世纪 80 年代的研究，
有着承前启后的重要作用，这一时期，学者已经开始注意到 1+2
和 2+1 这种语音组合方式本身的作用。吴为善（1986）首先意识
到语音组合方式有一定的语法意义，同是"描图纸"念成 1+2 和
2+1 两种，它们的结构方式就有区别，意思也不一样。接着吴为
善（1989）进一步论证了 1+2 和 2+1 的松紧度不同，并进一步论
证了语音形式对语义、语法有反作用。同时陆丙甫（1989）也论
证了汉语中核心词居后的 mH（modifier + head）结构是优势结构，
且为紧结构，与 2+1 音组模式匹配。可以看到，80 年代末的研究，

已经向着理论的方向发展，向着结构、节奏、松紧、轻重等多方面进行纵深研究，而不再只是停留在发现几个例子的初级阶段。下面我们主要以吴为善（1986、1989）、陆丙甫（1989）的研究来展开。

　　首先是吴为善（1986）的研究，这篇文章在前人研究的基础上，又引入了一些新的元素，有承前启后的作用。他在吕叔湘先生研究的基础上指出，现代汉语中的三音节段主要有两种语法结构形式：一种是动宾结构，另一种是以名词性成分为中心的偏正结构。其中动宾结构 1+2（如"抓兔子、理房间"）占绝对优势，名词性成分为中心的偏正结构，内部形式以 2+1 为主（如"长毛兔、亭子间"）。吕叔湘先生认为偏正 2+1 多于 1+2，跟在前或后的单字的性质和可以这样用的单字的数量有很大关系；而动宾结构 1+2 多于 2+1，跟常用动词中单音动词较多有关系，但吕叔湘先生并没就此展开做深入的论证。

　　吴为善先生在此基础上，认为这有其词汇音节构成上的客观基础。《普通话三千常用词表》收名词 1621 个，其中复音词（绝大多数为双音节）1379 个，约占 85%，可见名词中的双音节倾向非常明显。动词正好相反，根据北京语言学院语言教学研究所的统计，汉语使用频率最高的一千个词中动词有 280 个，其中单音节有 200 个，占 70%。由于最常用的动词大多为单音节，名词大多为双音节，导致它们构成的动宾结构大多为 1+2 的模式。他认为与动宾结构相反，名词性成分为中心的偏正结构，内部形式以 2+1 为主，如"长毛兔、亭子间"。他对中国人民大学语言文字研究所编的《常用构词字典》做了一些统计，A 到 E 五个字母下列举的这类三音节形式共约 500 个，其中 2+1 有 400 多个，占 85%，倾向相当明显；甚至像"热心肠、赤卫队、手风琴、副作用"等典型的 1+2 音段，都会不自觉地念成 2+1 的音段。

此外，他进一步对比了动宾结构和偏正结构的四音节段缩减为三音节段时的表现：动宾结构必然将前一个双音节压缩为单音节，其结果为 1+2，相反的选择则不合习惯。如"修建马路"可以说成"修马路"，却不说"*修建路"。这一情况吕叔湘（1963）也早已指出了，他举到的例子是"扫街道、编剧本、编资料"可以说，不能说"*打扫街、*编写剧、*编辑报"。但关于偏正结构其没有涉及，吴为善先生对此进行了补充说明。他指出若是偏正结构，则必然将后一个双音节压缩为单音节，成为 2+1 形式。如"长毛兔子"我们通常说成"长毛兔"，却不说"长兔子"。同样的例子还有"象牙筷子—象牙筷，记录卡片—记录卡，华南老虎—华南虎，防风眼镜—防风镜"等等。

由吴先生首先发现的一种现象是，一个双音动词和一个双音名词构成的同形异构的四音节段（可能是动宾，也可能是偏正），当它缩减为三音节时，如果"斩头"（将前面的双音节压缩为单音节），必定为动宾；如果"截尾"（将后面的双音节压缩为单音节），则必定为偏正，例子如下所示：

（1）复印文件：印文件（动宾）　　复印件（偏正）

　　测量仪器：测仪器（动宾）　　测量仪（偏正）

　　筹备经费：筹经费（动宾）　　筹备费（偏正）

　　运输箱子：运箱子（动宾）　　运输箱（偏正）

根据这些讨论，吴为善先生进一步追问为什么我们说"修马路"而不说"*修建路"？又如，同是"描图纸"念成 1+2 和 2+1 两种音组方式，它们的结构方式就有区别，意思也不一样。他认为这说明词语搭配的选择性除了语法上和语义上的制约，还有语音组合方式的限制。也就是说，任何一个词语组合片段，都蕴含着语法、语义、语音三个范畴的组合规则，而这三者之间又是互相制约、互相关联的。在人们的语言交际中，无论是说话者的语言生成还是听话者的语音识别，都是遵循或依赖于这些三位一体的综合模式的。至此我们可以看到关于三音节的讨论已经向更深入的方向发展了，不再局限于动宾结构和偏正结构本身的构成成分上，而是转向了 1+2 和 2+1 的音节构成本身可以区分结构语法性质的研究，这无疑是有着突破性进展的。由上可知，吴为善（1986）在前人研究的基础上，提出了很重要的一点，就是意识到语音组合方式有一定的语法意义，如上面指出的，同是"描图纸"念成 1+2 和 2+1 两种音组方式，它们的结构方式就有区别，意思也不一样，这为后期研究提供了很重要的研究思路。之后吴为善（1989）基于以上研究又进一步推断：既然三音节段的动宾结构与偏正结构内部的松紧不一样，那么它们分别选择的音节组合形式 1+2 和 2+1 内部的松紧可能也不一样，其中 1+2 之间比较松，而 2+1 之间比较紧。那么事实是否如此呢？吴先生以上声连读变调切入，从语音的发音和听辨的角度来加以验证。

他认为就一般规律而言，汉语中上声曲折而略长，在语流中几个上声字连读最容易产生变调，它有两种变化，一种是"半上"（小变化，21 → 211），一种是"直上"（大变化，214 → 24，像阳平）；若音节间结合不太紧则变调呈小变化，反之则出现大变化。后根据北京语言学院一些老师的人耳听辨实验，发现三个上声字连读，凡1+2音段中前面的单音节，变为"半上"，比如"很勇敢、好雨伞、有影响、我也有"。反过来，凡2+1音段中单音节的前一音节，变为"直上"，比如"也许有、展览馆、领导我、旅馆少"。后来吴宗济用声学实验的方法对普通话三字组的变调规律进行了深入研究，其中三个上声字组的变调结果与上述人耳听辨实验的结果相一致。由此两类实验结果表明不论1+2还是2+1，都包括了各种结构类型，但变调规律却是一致的。由此可见，音节组合有其自身规律，凡单音节与复音节组合（包括双音节和三音节），单音节在前则结合较松，在后则结合较紧。进而还可以得出以下推论：后置单音节具有粘附性，前置单音节具有相对独立性。

由此吴为善先生进一步推论：一般来说，一定的语义、语法组合总是选择适当的语音组合形式，使两者保持一致，就像三音节段里，动宾往往选择1+2，而偏正往往选择2+1。另一方面，当两者不一致时，语音形式也不是被动的。它既然有自身规律，必然会在一定程度上反过来影响语义、语法的组合，影响我们对话语的听辨和理解。也就是说，音节组合形式对语义、语法组合有反作用。在这篇文章里，吴为善先生不仅论证了1+2和2+1的松紧度不同，还进一步论证了语音形式对语义、语法有反作用，这跟后期韵律制约句法的思想不谋而合。这一研究思路对后期研究影响很深，柯航（2012）主要基于这一研究思路进一步构建了音步松紧与语义的标记模式，我们在本章第三节将有详细介绍。

谈到论证1+2和2+1结构的松紧，我们将顺便介绍与之相关的后期成果以便让大家对这个问题有个比较全面的认识。这里主要介绍两位青年学者的相关成果，一位是柯航，一位是邱金萍。柯航（2012）指出吴为善先生率先提出音节组合之间存在松紧，不同于吴从有意义组合的上声连读变调来考察松紧，柯航选用没有意义的数字组合进行论证。例如公共汽车线路名 955 和 995，都是三个上声连读。虽然没有实际的语义关联，各例的三个数字之间不构成任何句法关系。但是根据认知上的相似原则，在某方面特征相同或相近的两个成分常常被看作一个单位，所以实际人们在认知上倾向于将连在一起的 55 和 99 看作一个单位，从而把 955 和 995 分别看作 1+2 和 2+1 两种不同的组合方式。①

　　她对此有两种解释，一种解释主要基于认知理论中的相似原则，另一种解释主要基于音节组合的强弱之别影响其整体感。首先来看第一种解释：

　　　　在 955 中的 9 可以读为半上，必须读直上的只有中间那个 5，其中的原因很好解释：根据相似原则，人们认知上会觉得 55 关系紧密，所以 5 一定要读为直上；而 1+2 中的第一个音节与后两个音节之间的关系松散，所以 9 不必变读为直上。在 995 中，两个 9 则都只能读为直上。第一个 9 读直上，可以同样用认知上的相似原则来解释；而第二个 9 也必须读为直上，则说明 2+1 式

----

① 就是说，因为 55 和 99 的重复和并列，已事先把其中的 9 和 5 的关系确定了，亦即 955 是 1+2，而 995 是 2+1。因此，严格地说 955 和 995 测验是用事先的 1+2 和 2+1 来测试它们是否是 1+2 和 2+1。正因如此，955 和 995 的测试结果与 999 和 555 是不同的。参见下文。

音节组合中的最后一个音节与前面双音节关系紧密。

接下来看第二种解释，她认为如果把几个声音组合在一起的结构称为一个"声音片段"，那么内部有强弱之别的几个音构成的片段比内部等强等弱的音构成的声音片段更容易给人带来整体感。而强弱之间的组合方式又有两种，一种是强弱式（先强后弱），一种是弱强式（先弱后强）。人们感觉强弱式比弱强式更容易被当作一个整体。她认为这是因为片段与片段之间通常以停顿相间隔，若想鲜明地表征一个新的声音片段的开始，就应该以一个较强的声音起首，这样比较容易形成与停顿之间的句法反差，便于让人感知片段的边界。柯航为证明强弱式比弱强式更有整体性，分别从音乐节奏快快慢的二拍和慢快快的二拍对比、汉语中重轻格和长短格或词、后置音节缺乏独立性、拥有后缀的语言多于拥有前缀的语言、儿童语言习得等多层面来论证。最终认为汉语中的 2+1 和 1+2，前者的形式是前长后短，正好对应于前强后弱的特点，因此内部的整合度高，而外边界清晰，给人以紧密、整体性强的感觉；而后者则正好相反，所以给人的感觉并不是那么像一个单一的单位，也即 2+1 是紧的音节，1+2 是松的音节。柯航从多角度、多层面进行论证，使学者们对音节松紧的论证又往前迈进了一步。

邱金萍（2013）对柯航（2012）中 955 和 995 两种组合方式的连调有不同的观察和发现，邱金萍选取了 77 个三音节词语（字串）。其中 29 个是毫无意义的字串，如 999、599、595 等，另外 48 个为音译的地名或人名，如卡塔尔、索马里、也鲁卡等。然后她选择对普通话在二级乙等及以上的语言学专业的研究生和博士生以及其他非语言学专业的人士进行第一感觉的声调测试，并提供备选项"A.223 B.323 C.A\B 均可 D.333"四组。其中 2 表示阳平，3 表示上声。其实验数据显示：

1.955 确实可能被看作是 1+2 的结构，但是从连调式看 2+1 的情况要多于 1+2。

2.995 和 955 并不如柯航想得那样完全对立。995 的情况与柯航的预测一致，多为 223 调（但这不能完全归为 99 的相似性，而否认自然音步的作用），而 955 读成 323 调的比例则没有柯航想的那么高，但是其实验也表明 995 和 955 确实可以有两种不同的连调式。这说明确实有一些因素使人们对 995 和 955 产生了不同的认识，即都是由相同的数字组成的三字组，数字排列顺序不同，韵律结构亦可以不同。而这种不同正是由于两个相连的 9 或 5 可以被当作一个单位，即具备了可以联想成为一个单位的可能。当 55 被联想成一个单位时，955 组合就成为像"绿油油、亮晶晶"等一样的具有结构的组合。"鲁鲁普"223 调占优势和"姆祖祖"323 占优势的原因也与 995、955 一样，是重叠使"鲁鲁、祖祖"被认为是一个"可联想意向单位"，是一个成分，从而使字串有了结构。而且实验数据显示汉字比数字更易受"可联想意向单位"的影响。她推测这可能是受双音化的影响。

也即她认为 995 和 955 中的 99 和 55 会被认为是"可联想意向单位"，其理论根据则为"格式塔完型理论"。所谓的"完型理论"主要包含以下几个重要的原则：

1.相近性原则：距离比较紧密的事物倾向于被看作一个单位。

2.相似性原则：相似的事物倾向于被看作一个单位。

3.好的连续性原则：连续性好的事物倾向于被看作一个单位。

4.封闭性原则：可以构成一个封闭的好形式的事物倾向于被看作是一个单位。

正是基于"完型理论"，她认为955中的55属于重复的两个数字，很容易被认为是一个单位，这是由于它们既符合相似性原则又符合相邻性原则。"完型理论"从认知心理上解释了为什么三音节词（字串）中某两个音节被看作一个单位或不被看作一个单位。以数字串为例，999中的三个9在感觉上没有给人亲疏远近的区别，而在955中则被认为其中的55之间要比9和55之间近。999组合符合"完型理论"的原则1、原则2和原则3，整体被看作一个单位。而在955中，9和中间的5之间，不符合"完型理论"中的任何一条原则，所以其更倾向于将9和5看作两个单位，而55由于符合原则1、原则2和原则3而被看作一个单位。

邱金萍（2013）深入研究了三音节无意义字符串的韵律结构，试图证明汉语音步结构除了受句法、语义、语用等因素的影响外，还会受到"可联想意向单位"的影响而产生"隐性结构"，而"隐性"可能也会对韵律结构产生影响。

与此同时，陆丙甫（1989）着重讨论了结构、节奏、松紧、轻重在汉语中的相互作用。他主要从陈建民（1979）中提到的不说"等等人、等等地"，而说"等人、等地"的现象入手。从"本次列车开往成都，沿途经过郑州、西安等地"出发，认为其中的"等"和"地"如分别用双音形式"等等"和"地方"去代替，共可得到四种格式，而很明显，只有"等等地"是被严格排除的。陆先生主要从结构、松紧出发，兼顾节奏和轻重，对此类现象做出回答。他认为"等等地"的不合格反映了汉语"核心在后"优势和 1+2 节奏的优势。为何这样说呢？他根据陆丙甫（1985）提出的"规定性"标准，认为"等（等）+N"结构中，"等（等）"是核心成分。然后根据"等（等）+N"中"四缺一"的现象，得出两个假设：

1. 汉语中核心在后的结构，即 mH 结构，相对于核心在前的 Hm 结构，是占优势的。

2. 汉语中"单音节 + 双音节"节奏优于"双音节 + 单音节"，即 1+2 优于 2+1。

这两个假设所表示的倾向性一起作用，其结果就是只有劣势 Hm 和劣势 2+1 相结合的"等等地"被排除了。他认为同样的理由还可以排除"打扫地、编写戏"等大量动宾式的 2+1 格式。但既然这两个是假设，就是需要去验证的，即是否核心在后的结构就会优于核心在前的结构呢？是否 1+2 的节奏就优于 2+1 的节奏呢？如果对这两个问题不论证清楚，恐怕很难说服别人。陆先生首先从以下两方面论证了 mH 在人类语言中的普遍性：

1. 存在清一色的核心在后的语言（如日语、朝鲜语等），但不存在清一色的核心在前的语言。

2. 存在"后缀优势"现象，即人类语言中后缀的使用比前缀占优势，那些按其他原因推测应该使用后缀的语言必然都无例外地使用后缀。反过来，那些按其他角度推测应该使用前缀的语言，却大量使用后缀。而陆先生认为，绝大部分后缀都应看作相对其前置词根的核心，因为后缀往往决定词的语法功能。之后其又从跨语言的角度论证了 mH 结构比 Hm 结构紧的普遍性，尤其是核心 H 为功能性语法成分时。论证如下。

A. 试比较意义相近的"如果"和"的话","在"和"里"之间的语音依附性差别。

B. 比较前置词和后置词的差别。英语后缀-s 语音上不能独立，但俄语前置词 -s 语音上却具有相对独立性。

C. 英语动词短语 turn over，如 over 提前，就要写成 overturn 一个词。同样的例子如汉语中的"研究汉语"和"汉语研究"。某些采用 VO 语序的语言，如宾语是人称代词，可移到动词前，并且语音上失去独立性，同动词紧紧结合在一起而成为 clitic。

关于第一条，陆先生没有详细对比。第二条，如上所述，陆先生认为后缀应为核心。因此这个例子说明核心在后时，语音上不能独立；核心在前时，语音上相当独立。而核心在后时的语音不能独立，恰恰说明此时结构的结合紧密。核心在前时的语音独立也恰恰说明此时结构较松。关于第三条，做短语时核心在前，当核心在后时就要变成词。词当然比短语结合得紧。

至此陆先生论证了 mH 是优势结构，且是紧结构。相对地，Hm 则是劣势结构，是松的结构。他文章中没有明显的论证表明 1+2 对应松的结构，2+1 对应紧的结构。但他确实指出了 mH 和 Hm 结构对节奏的要求不同，其内部的结合松紧程度也有很大差别：mH 是紧结构，Hm 是松结构，因此 mH 的"长毛兔"成立，而 Hm 的"逮兔子"中的"兔子"就不能换成通常不单用的"兔"，至于"捕捉兔"就更不能说了。这其实就表明松结构对应 1+2 的节奏，紧结构对应 2+1 的节奏。由此"等等 +N"的四缺一现象就可以解释了，主要运用的是：结构是否为优势结构、结构的松紧与节奏的匹配。这一处理与吴为善（1989）不谋而合。

值得注意的是，陆先生也观察到了轻重对于语法的影响，他在吴为善（1986）中认为动宾结构虽然不宜为 2+1 节奏，但宾语若为轻读代词却不在此例的基础上，认为是动宾而为 2+1 节奏并且宾语不轻读的情况仍是有的，如"相信鬼"。不过他也指出这种格式确实相对来说很少用。与此同时，他发现在前面加上一个 2+2 节奏格式，就好多了，如"相信迷信相信鬼"；而反过来说"相信鬼相信迷信"就不太顺口。之所以这样，与其说七言格式是"因"，还不如说它本身正是根据汉语内在自然节奏规则选择的"果"。

第三节　蓬勃发展时期的研究（20 世纪 90 年代至今）

进入 20 世纪 90 年代之后，汉语三音节韵律研究进入蓬勃发展时期，研究队伍壮大，研究成果颇多，研究理论也不断创新。这一时期的研究，除了汉语韵律研究方面的专家学者之外，也加入了很多青年学者。这也为这一时期的研究增添了不少活力。90 年代之后的研究，我们主要从理论派别入手来介绍，本章一开头我们就提到了五种主要的研究理论，下面则依次重点介绍这些理论派别分别是如何阐释三音节音步的语法属性问题的。

一、辅重原则和深重原则

辅重原则以陆丙甫、端木三（1991、2002）为代表，深重原则以 Cinque（1993）为代表。两种理论都是基于语法结构来研究重音，下面首先介绍"辅重原则"。

（一）辅重原则

辅重原则由端木三（1990）首次提出，辅重原则英文为 Nonhead Stress，简称 NHS，具体如下：

> 在句法结构"核心－非核心"或者"非核心－核心"中，非核心成分获得重音。

这一原则只是指出结构和重音之间的关系，但对汉语重音的表现方式没有说明。因此陆丙甫、端木三（1991）又进一步提出了"辅长原则"，英文为 Nonhead Length，简称 NHL，具体如下：

> 在句法结构"核心－非核心"或者"非核心－核心"中，核心成分不能长于非核心成分。

这样一来就表明非核心成分重，且核心成分不能长于非核心成分，指出了重音和长度之间的对应关系。而这两条原则的提出也是基于重音和长度有关的假设之上的，认为词以上句法结构的重音遵从辅重论，辅助成分比中心成分更重，辅助成分长于核心成分。他用这两条原则解释了汉语中的偏正结构和动宾结构的音节组配四缺一的现象，如：

（2）

	2–2	1–1	2–1	1–2
VO	种植－大蒜	种－蒜	*种植－蒜	种－大蒜
MN	煤炭－商店	煤－店	煤炭－店	*煤－商店

关于汉语中偏正结构及动宾结构的四缺一现象，由前面的讨论可知，从吕叔湘先生到吴为善先生，再到陆丙甫先生，都尝试做出了解释。吴为善先生主要基于吕叔湘先生提出的猜想，并进而论证说明。吕叔湘先生认为偏正 2+1 多于 1+2，跟在前或在后的单字的性质和可以这样用的单字的数量有很大关系。而动宾结构 1+2 多于 2+1，跟常用动词中单音动词较多有关系。吴为善先生则论证出这有其词汇音节构成上的客观基础。名词中的双音节倾向非常明显，而动词正相反。由此形成动宾结构 1+2 为主、偏正结构 2+1 为主的语言现象。而陆丙甫先生则从结构与节奏之间的匹配关系入手讨论，首先论证汉语中核心在后的结构优于核心在前的结构。接着论证前者为紧结构，后者为松结构。继而认为紧结构对应 2+1 的节奏，松结构对应 1+2 的节奏。陆丙甫先生的研究第一次将结构与节奏联系起来解释四缺一现象，有开创性意义，而端木三先生的研究正是这一研究的拓展。辅重原则和辅长原则的提出，将结构、重音、长度几个因素联系起来，并首次从重音的角度来研究这类四缺一现象，令人耳目一新，也确实解释了如上例子中的四缺一现象，有很强的解释力。

不过，正如端木三（1999）指出的，上述研究指出了重音和词长的关系，也解释了动宾和偏正结构的不同，但还有些问题没有说清楚。第一，重音结构的细节没有讨论。第二，重长短轻似乎很自然，但为什么重的词在 1+1 中可以不长，而轻的词在 2+2 中可以不短呢？为什么重词和轻词在 1+1 和 2+2 都可以等长呢？第三，动宾结构和偏正结构有些细微的区别没解释，如偏正的 1+1 一般都好，而动宾的 1+1 却不一定，如"＊扫店""＊怕妖""? 乘机"等。第四，所谓"重音"，似乎总应该读得重一点才名副其实，但之前的论述在普通话里感觉上并不明显，这些都有待解释。

端木三（1999）首先承认没有弹性的词不属上述研究范围，比如"鬼故事"和"研究鬼"都可以说，"鬼故事"是偏正又是1+2，"研究鬼"是动宾又是 2+1，这不太符合上面的四缺一现象，似乎也违背了辅重原则和辅长原则。端木三先生对这类现象，是从词的弹性作用来解释的，因为"鬼"没有对应的双音节形式，"故事"和"研究"也没有对应的单音节形式，所以长度上没有选择，因此"鬼故事"和"研究鬼"成立。其他例子像"大火车、小板凳"等也是如此，按照辅重原则和辅长原则，"大火车"和"小板凳"都是非法的。但是因为"大"和"小"都完全没有同义的双音节形式，所以只好用"大火车"和"小板凳"这种说法。端木三（1999）加强了重音理论的解释，利用辅重原则和辅长原则推导结构的重音。下面以偏正结构和动宾结构的重音分析为例。

（3）偏正结构的重音分析

2	2	2	1	1	2	1	1
x		x		x			
x	x	x	x	x	x	x	

　　（煤炭）（商店）（煤炭）（店 0）　*（煤）（商店）（煤店）

他认为 2+2 结构中每个词各建一个双拍步，所以没有问题。2+1 中"店"可加空拍变成一个双拍步，所以也没问题。1+2 中

"煤"是单拍步，去掉重音也不好，因为辅助词应该重；空拍也加不进去，因为不在停顿前，所以 1+2 不好。1+1 两个词都不能自建双拍步，但合起来是个双拍步，而且其中辅助词比中心词重，所以 1+1 也好。

（4）动宾结构的重音分析

```
2     2         2     1     1     2     1     1
x               x                 x
x     x         x     x           x           x
（种植）（大蒜）＊（种植）（蒜 0） 种（大蒜） 种（蒜 0）
```

他认为动宾结构的中心词是动词，宾语是辅助词，所以宾语比动词重。2+2 中每词各建一个双拍步，没有问题。2+1 中"蒜"可以加空拍组成一个双拍步，应该没有问题，可是不好。根据 Burizio（1994）的分析，有空拍的音步叫"弱步"，没空拍的叫"强步"。即"种植"为强步，"蒜 +0"（表示"蒜"后加一个空拍）为弱步，假如强步听上去比弱步重，就违反了辅重原则，所以不好。更准确地讲，主重音应该避免弱步，次重音可以用弱步。1+2 中"种"没有主重音，可以是自由音节，所以没问题。1+1 不能合成一个左重步，因为主要重音在"蒜"上。"种"仍然可以是自由音节，而"蒜"可以加空拍组成一个双拍步。虽然是一个弱步，但旁边没有强步，所以没有 2+1 那样的问题，因此 1+1 也可以。

综合以上分析，他认为用重音理论可以简洁明了地解释汉语的词长问题，这些重音理论分别为：第一，汉语有韵素音步，所以普通音节比轻音节重。第二，汉语还有左重音步。第三，词以上的重音，由句法关系定，即辅助成分比中心成分重。关于第一条，我们在第二章里已经涉及，端木三先生在音步类型上与其他学者有所不同，他认为既可以拍韵素也可以拍音节，而多数学者认为汉语只拍音节。第二条实则说的是词层面的重音。第三条是说复合词及短语的重音。

之后，端木三（2000）中又专门分析了三字组的音步，提出三字组分三种情况：一种是多音节词，如"芝加哥"；一种是2+1，如"手表厂"或"研究鬼"；一种是1+2，如"小火车"或"看电影"。其中"芝加哥"这类词，没有内部结构，所以用右向音步，除掉一个双拍步还剩一个字。Duanmu（1993）认为这类词是一个三拍步，但端木三（2000）改变了观点，提出没必要非得认为其合成了一个三拍步，因为有的音节可以不入音步。比如英语的 po/tato，一般就认为后两个音节组成一个音步，第一个音节是个音步外的自由音步，因此"芝加哥"的"哥"做自由音节也应该可以。关于2+1组，端木先生又有了新的处理。我们看到之前1999年的系统中，他用重音理论成功解释了"* 煤商店"及"* 种植蒜"的非法性，对于"研究鬼"则是从词的弹性作用角度来解释的。而且端木三（1999）的系统中没有对1+2的形名结构进行解释。到了端木三（2000）的系统，他首先重新用重音理论解释了2+1组的"手表厂"和"研究鬼"，将"研究鬼"也纳入重音解释的系统中来。具体的处理是，"手表厂"重音在"手表"上，而"手表"的重音在"手"上，所以最终的结果是"/^ 手表/ 厂"，其中"厂"是自由音节。这跟端木三（1999）的处理有所不同，端木三（1999）中将"煤炭店"中的"店"后面加了空拍组成了一个弱步，而认为"研究鬼"的重音在宾语"鬼"上，"研究"可以当双音节单词，重音在"研"上，所以结果是"/∧研究/∧∧鬼X/"，主重音在"鬼"上，用∧∧表示。因为"鬼"在停顿前，可以和空拍组成双拍步。这个处理与端木三（1999）系统中对"种植蒜"的处理是一致的，问题是在端木三（1999）中"*种植蒜"是非法的，因为违反了辅重原则，这里难道又遵守辅重原则了？这恐怕值得商榷。端木三（2000）的系统里，最重要的是增补了1+2组的重音分析。他首先比较了"小火车"和"看电影"，认为两者重音不同。我们先来看对"看电影"的重音分析。端木三（1999）的系统中认为"种大蒜"中"种"为自由音节，"大蒜"组成一个音步，且重音在"大"上。端木三（2000）的系统中，坚持了这一分析原则，认为"看电影"的重音在"电影"上，而"电影"的重音在"电"上，所以结果是"看/∧电影"，其中"看"是自由音节。

那么"小火车"的分析又是怎样的呢？是否跟"煤商店"的处理一致呢？端木三（1999）系统中的处理是，"煤"为单拍步，但去掉重音也不好，因为辅助词应该重。而且空拍也加不进去，因为不在停顿前，所以"*煤商店"不好。这里对"小火车"的处理是，"火车"的重音在"火"上，"小火车"的重音在"小"上，所以结果是"∧∧小/∧火车/"。但是"小"不够双拍步，也无法加空拍（因为不在停顿前），所以节奏不好。到这里跟端木三（1999）中的处理都是一致的，但问题是"*煤商店"确实非法，而"小火车"是符合语感的。因此被迫又做出了新的解释：

如果要保留"小"的主重音，就只能去掉"火"的重音，同时等于去掉了"火车"原有的音步，结果成为"＾小火／车"，这样节奏就好了。那么问题是，是不是"煤商店"也可以做这样的处理呢？如果"煤商店"也可以这样处理，是不是"煤商店"就合法了，但事实上"煤商店"确实不合法。如果"煤商店"不能这样处理的话，为什么"小火车"可以这样处理呢？不但如此，很多人对"小火车"的语感节奏都是"小／火车"而非"小火／车"，因此这种解释恐怕面临很多难以说清的新问题。

也正是为了解释以上分析带来的新问题，端木三（2000）专门解释了为什么"小火车"的节奏好，而"表工厂"和"鞋商店"的节奏不好。他认为的原因是，已经建好的音步和重音应该尽量保留，只有没有办法的时候才去掉。"表工厂"有同义的"＾＾手表／＾工厂""＾手表／厂"和"＾表厂"，后三者的音步建好后都不用改动，所以都比"表工厂"好。同理，"鞋商店"不好是因为有更好的"皮鞋商店""皮鞋店"和"鞋店"。这样的解释不得不说也有牵强之嫌，因为按照这种解释，"小车""小型车""小型汽车"三者的音步建好后都不用改动，因此比需要改动的"小火车"要好，但是"小火车"仍然是符合语感的说法。由此我们认为端木三（2000）对"小火车"的处理可能是不太恰当的，因为这样处理会带来一系列难以解释的新问题。而端木三（2000）对这一问题也有清醒的认识，其指出"形容词＋名词"结构的 1+2 结构不同于非法的"名词＋名词"偏正结构，很多 1+2 的"形容词＋名词"结构都可以成立，这一问题一直没得到圆满的解释。他指出之前学界对这一问题的解释主要有两种：

第一，冯胜利（1996）认为这类单音节形容词可以看成前词缀，而词缀不影响音步。可是冯胜利（1998）又说"大汉语词典"节奏不好。如果"汉语词典"节奏好，而"大"又不影响音步，"大汉语词典"的节奏应该没问题才对。

关于这点，冯胜利（1996）根据韵律理论推理，1+2 不可能造成三音节韵律词，因而三音节复合词也不合法，但是又存在"副经理、非官方"等合法形式。于是其借用吕叔湘、饶长溶（1981）的分析，将"副"和"非"看作前缀，而词缀是不参与句法运作的。因此"副经理"和"非官方"是词，但不是在韵律构词系统中创造的，因而也就没有违背韵律理论。而冯胜利（1998）中论证"大汉语词典"节奏不好则主要是从自然音步并不被动接受句法和语义管制入手的。因为无论把它说成 [大 # 汉语词典] 还是 [大汉语 # 词典] 都不好。[大 # 汉语词典] 不好是因为"大"违背了构词音步（从左向右）的组合方向，而 [大汉语 # 词典] 的 [3+2] 也不是自然音步的结果，[大汉语 # 词典] 也不成立。基于以上两点，我们认为冯文将"副"和"非"处理为词缀，而词缀不参与句法运作的处理，从理论和实践上说都是可行的。因为"副"和"非"这类词有很强的构词能力，且意义有虚化，语音不重读。但不能将"副 / 非"和"小 / 大"归为一类进行类比，因此，凡是词缀性质的成分，不受构词韵律的限制，而根据冯胜利（2003），"形容词 + 名词"结构是句法词的产物。理论上说，"非官方"的 1+2 和"小火车"的 1+2 有不同的来源，是不同的结构，二者风马牛不相及。

　　第二，冯胜利（1998）又提出，"形容词＋名词"是由短语生成的词（不是复合词法构成的"复合词"），[①] 而短语可以不用右向音步。当然，说"形容词＋名词"结构是短语也有不少问题。端木三认为，首先，短语的形容词应该可以受副词修饰，而汉语却不能说"﹡很小火车"或"﹡相当小火车"，要加个"的"才能说。这说明，没有"的"的"形容词＋名词"结构不是短语。还有，短语可以并列缩减。比如，英语的 big trains and small trains 可以缩减成 big and small trains。可是汉语的"大火车和小火车"却不能缩减成"﹡大和小火车"，只有加了"的"才能缩减。这样说明，没有"的"的"形容词＋名词"结构，不是短语，只能是词。

　　关于"形容词＋名词"不是复合词而是短语的结论，冯胜利（2001）有详细的论证。他认为"形容词＋名词"结构是句法词，是根据句法原则生成的词，所以既有短语的特性（如不能说"﹡白大盘子"），也有词汇的性质（如不能说"﹡很白大盘子"）。端木三上面所举的例证说明"形容词＋名词"结构具有词的属性，而冯文举到的"小红雨伞"则说明了"小雨伞"的短语属性。因为假如"小雨伞"是词，则可以说"红小雨伞"（比较"白大褂儿、红小豆"），但"﹡红小雨伞"不合法，说明"小雨伞"仍有短语的性质。如此一来，"形容词＋名词"结构的句法性质才彻底明了。当然，仍然需要解释为什么"形容词＋名词"结构以

---

① 严格来说，这类词不能叫"复合词"，因为不是复合词法生成的结果。然而，它们表面上也是由"词＋词"组合而成的，因此，从表层形式出发，它们（A+N）也可以叫作复合词，但是不同种类的复合词。

1+2 为主，2+1 甚少的语言事实，其中或许有更复杂的语用因素。

　　由上可知，对"小火车"类现象处理不好，则直接危及辅重原则的解释力。与此同时端木三也发现"形容词＋名词"结构还有其他异常的表现，其 2+2 的结构往往也不太好，比如"巨大火车、宽大房间、鲜红皮包、年老工人"等。按照端木三（1999）的分析，"名词＋名词"结构和"形容词＋名词"结构都是复合词，而复合词里词与词的搭配并不完全自由，比如汉语可以说"高山"，却不大说"高树"或"高人"（指个子高的人）。所以有的 2+2 复合词不好也不奇怪，但这样一来还有两个问题不好解释。第一，为什么不好的 2+2 往往是"形容词＋名词"，而很少是"名词＋名词"呢？第二，只看节奏，应该是 1+2 不好，为什么 1+1 和 1+2 的"形容词＋名词"往往比 2+2 和 2+1 还好呢？为了解释以上问题，端木三又提出了一个新的分析，这一分析主要基于两点假设。

　　第一，"形容词＋名词"结构作为复合词从语法上来说都不好。[①]

　　第二，音步以内的结构不受语法限制。

　　由这两条假设可推出，"/∧ 大房 /"或"大间"都是一个音步，内部结构不受语法限制，因此是成立的。"/∧∧ 宽大 /∧ 房间"分成形容词"宽大"和名词"房间"，违反了语法限制，所以不好。"/∧ 宽大 / 房"分成形容词"宽大"和名词"房"，所以也违反了语法限制。而"/∧ 大房 / 间"分成"大房"和"间"（秉承了上面

---

① 当然，为什么"'形容词＋名词'作为复合词从语法上来说都不好"，仍然需要原理性的解释，而不能只是简单地规定。

"小火车"的节奏分析），因为"大房"不是形容词，所以不违反语法限制，所以是好的节奏。端木三先生认为这种分析可以解释为什么复合词可以容纳各种看上去不合理的语法结构，比如"填房"是动宾当名词用，"火烧"是主谓当名词用，"大小"是两个形容词当名词用，等等。我们且不说"/^ 大房 / 间"的节奏分析是否符合一般人的语感，单从辅重原则本身我们无法推导出这种重音分析。而且上面也已指出，这样分析之后，1+2 的"名词 +名词"结构也面临着重新分析的问题。

于是端木三（2002）又提出一种新的解决方案，重新界定核心词与非核心词，认为 AN（A 代表形容词，N 代表名词）定中的基本结构不是AN而是"A的N"，因为AN通常不能成立而"A的N"则可以成立，如下例（转引自 Lu and Duanmu，2002：04）：

（5）AN   A 的 N

大号房间   大号的房间

？ 重大事情   重大的事情

？ 困难问题   困难的问题

如果 AN 定中的基本结构不是 AN 而是"A 的 N"，根据现代生成句法，"的"为核心词，A 和 N 都是辅重成分。这样处理似乎可以解释 1+2 形名组合的合法性，但问题是即使这样解释还是面临着哪个辅助成分更重的问题，也还是难以解释为什么 AN 定中的节律常规是 1+2 而非 2+1。

于是端木三（2007）又尝试用"信息－重音原则"解释辅重原则的理论基础。"信息－重音原则"认为：语句重音由信息量

决定，信息量大的词要比其他词读得重。那么信息量是如何决定
的呢，他根据申农的信息论，这样定义信息量：

　　一个词出现的频率越高，信息量越低。

　　一个位置上可能出现的词越多，每个词的出现几率
就越低，其信息量也就越高。

　　用这一原则即可解释为什么结构中辅助成分要重于中心
成分。①

（6）　　　　　　中心　　　　辅助

级别　　　　词　　　　短语

数量　　　　少　　　　多

几率　　　　高　　　　低

信息　　　　低　　　　高

重音　　　　弱　　　　强

　　由上可知，中心成分是词级单位，很难扩展，数量再多也是
有限的。辅助成分是短语单位，可以扩展，所以数量是无限的。
因此，中心成分出现的几率高，因而信息量低。相反，辅助成分
出现的几率很低，信息量很高。因此，辅助成分要重读。

　　由以上介绍可知，端木三先生提出的辅重原则和辅长原则，
对用重音理论来分析汉语的词长选择有着非常可贵的开创意义，
也确实解决了语言学界最先发现的"名词＋名词"组合和动宾组

---

① 这里有一个理论问题：如果信息结构是决定性的，那么辅重原则就是多余
的；反之亦然。这恐怕是端木三先生"信息理论"和"辅重理论"之间相互
矛盾的大问题。

合的词长选择问题。但也正如上面讨论的，辅重原则也面临着挑战，最大的挑战来自"形容词＋名词"结构，按照辅重原则，应该是"形容词＋名词"结构中的 1+2 不合法，但在"形容词＋名词"结构中 1+2 非常常见，反而 2+1 多数不合法。为了解释这一现象，端木三先生提出了很多新的解决方案，但结果也不是很理想，也还遗留了一些问题。但瑕不掩瑜，辅重原则在汉语韵律语法研究中，是一次很积极的尝试，将结构、重音和词长几个因素结合起来研究，无论如何都是非常有开创性意义的。

（二）深重原则

关于深重原则，拙作《三音节状中结构中韵律与句法的互动研究》中有比较详细的介绍，代表人物是 Cinque（1993），他在乔姆斯基等（1956）提出的短语或句子的重音主要由表层结构决定的假设基础上，力图证明这一规则具有普遍性而不需要别的音系参数。认为语言间的重音模式不同纯粹是由句法参数导致的，如短语特性中是中心词居前还是中心词居后。由此提出了深重原则：

短语重音由结构内嵌深度直接反映。

他强调深重原则可以决定短语层面的重音，是具有普遍性的一条原则，各种语言完全可以通过句法来推导其重音所在，而不需要特别的语言规则。不但如此，Cinque 又将深重原则扩展到对复合词的解释，其对复合词重音位置的预测，主要是将 X 标杠理论应用到复合词内部，打破了传统语法分析中核心词和非核心词在一个层面的做法，即复合词的附加语可以是词也可以是短语。同时详加区分附加语和补述语，然后在此基础上借鉴 Selkirk（1984）的理论，利用语义关系来预测重音，在论元 – 核心词结构中，论元得到重音，在附加语 – 核心词结构中，核心词得到重音。

比如在"名词 + 名词"组合 toy factory 中，根据 toy 和 factory 之间语义关系的不同则有不同的重音模式，当其被解释为 a factory producing toys 时，其重音在 toy 上；当其被解释为 a factory that is a toy 时，其重音在 factory 上。这点处理跟辅重原则就有很大不同，辅重原则只强调核心结构与非核心结构，非核心获取重音。不仅如此，他还指出英语中很多"名词 + 名词"结构重音落在核心词上的例子，而这些例子按照辅重原则，重音是应该落在辅助成分上的。如：

（7）kitchen **table**

　　　town **hall**

　　　woman **doctor**

　　　police **investigation**

由此可以看出，典型的定中结构，Cinque 认为其重音是落在核心词上的，而辅重原则认为重音落在辅助成分上，两人的观点存在很大的分歧。Cinque 的深重原则讨论的主要是英语、德语，并未涉及汉语。我们以深重原则来推导汉语的词长搭配，可以很好地解释动宾组合中宾语重，所以 1+2 是节律常规，而 2+1 多不为接受的现象。也可以很好地解释"形容词 + 名词"定中组合中名词中心语重，所以 1+2 是节律常规，而 2+1 多不为接受的现象。但这样一来，"名词＋名词"定中似乎又面临挑战，以端木三（1999）举的例子为例：

（8）煤炭商店　　煤炭店　　＊煤商店　　煤店

　　　技术工人　　技术工　　＊技工人　　技工

　　　医药商品　　医药品　　＊药商品　　药品

　　　手表工厂　　手表厂　　＊表工厂　　表厂

上面这些例子，都是"名词＋名词"组合，除了"手表工厂"可能是论元－核心词，也可能是附加语－核心词以外，其他例子恐怕只能是附加语－核心词结构，因此按照深重原则，应该是核心词得到重音，因此 1+2 应该是好的节奏。但这样的处理，显然不符合汉语语感。

综上，我们认为：深重原则从句法上明确界定核心词，并引入 X 标杠理论，区分附加语、核心词和补述语，进一步明确了句法上的概念，有助于利用结构更好地判断语言的重音模式。但这种处理也面临着一些难以解释的问题，不过这有可能只是语言参数不同所导致的，这些问题也为学界之后的研究提出了努力的方向。

二、"左向造语，右向构词"原则

20 世纪 90 年代，除了上面提到的很重要的辅重原则和深重原则之外，冯胜利先生也提出了"左向造语，右向构词"这一韵律构词原则。[①] 这一原则以形式句法为根基，探讨韵律制约构词

---

① 注意：这条原则只适用于组构词语，不涉及造句。

法的规律，认为按自然音步（右向音步）组合的形式和按非自然音步（左向音步）组合的形式，必然会反映出两种不同的语法性能。他强调，一般而言，2+1 右向音步是构词形式，1+2 左向音步是造语形式。他认为也正是因为只有右向组合的音节才是自然音步，同时只有自然音步才是构词音步，所以只有 2+1 的韵律词才能产生合法的复合词。下面，我们就具体了解一下这一原则的相关发展历程。

冯胜利（1997）中首先指出了三音节复合词和韵律词的关系。认为三音节的复合词多半由偏正关系组合而成，如"电影院、少年宫、游击队、教育局"。可是如果将"皮鞋工厂"压缩成三音节以后，只有 2+1 式是词，1+2 式就不行，如"皮鞋工、皮鞋厂"都可以接受，可是"*皮工厂、*鞋工厂"就不太能接受了。那么为什么 2+1 式可以成词，而 1+2 式要么不能说（如"*皮工厂"），要么只能是短语（如"印文件"）呢？他认为这是因为 1+2 不能组成韵律词，因为按照从右到左组成音步的顺序，标准音步一旦得到满足，其他就不予考虑了，于是前面的 1 就落单了，因此不能产生三音节韵律词，于是也就不能产生三音节复合词了。

当然这一分析在后期的研究中有所变化，正如冯胜利（1998）中指出的，音步可分为"顺向音步"和"逆向音步"。右向音步是自然音步，是顺向音步。而左向音步属非自然音步，是逆向音步。他由此提出：如果汉语的韵律有自然与非自然的区别，那么按"自然音步"组合的形式跟按"非自然音步"组合的形式，必然会反映出两种不同的语法性能。于是他继而发现了这一不同，即：一般而言，2+1 是构词形式，而 1+2 则是造语（或加缀构词）形式，至此冯胜利先生就明确提出了"左向造语，右向构词"这一重要结论。这一结论直接体现了汉语中韵律对句法的制约作用，成为汉语韵律构词学的重要理论根据，成功解释了汉语句法中一些单双音节搭配的节律问题。因为"左向造语"，所以 1+2 动宾组合"印文件"为语，又因为"右向构词"，所以 2+1 动宾组合"复印件"为词。这一原则可以很好地解释动宾组合以 1+2 为主，"名词＋名词"组合以 2+1 为主，且可以解释吴为善（1986）中发现的"复印件"和"印文件"的对立。但这一原则初期也同样面临一些挑战，正如冯胜利（2005）所指出的以下挑战：

1. 如果逆向音步只能造语，怎么解释"纸老虎"等合法的1+2 型词汇形式？因为"纸老虎"是词，但是根据"左向造语"的结论它必须是短语，显然与事实不符。

2. 根据音步逆向组合的结论，1+2 型的"形容词＋名词"组合"小雨伞"也是短语。然而，如果 1+2 式的 A+N 是短语，怎么解释"*很小雨伞、*非常伟大人物"这类不能说的现象呢？值得注意的是，英文中的 very little umbrella 是可以说的。因为英文的 A+N 是短语；而汉语的"*很小雨伞"不合法，说明"小雨伞"不是短语，至少不是一般的短语。

那么冯胜利先生是如何应对这些挑战的呢？他指出第一个问题是对早期理论的挑战，直接关系到该理论的合理性，甚至威胁到其中某些原理的可靠性。第二个问题是对该理论的解释能力的测验。因为，如果"*很小雨伞"是非法的，那么现有的理论至少应当有能力将 A+N 形式从短语的范畴中排除出去。换言之，理想的构词理论不能不对这类现象的所以然做出必要的解释。然而，之前体系的韵律构词理论只知道"小雨伞"一类现象是合法的短语，而无法解释它们的词汇特征。为此冯胜利（2001）集中对 A+N 和 N+N 形式进行了研究。

冯胜利（2001）中主要区分了两类三音节结构——N+N 与 A+N 结构，认为前者是词法构词形式，而后者是句法运作造成的词，因为两者的语法表现大相径庭，可以推导出它们分别源于不同的语法范畴。下面是其具体推导过程。

根据冯胜利（1998），右向音步是构词形式，左向音步是造语形式，可推出 1+2 只能满足 A+N 结构，因为 A+N 结构是句法的产物。而 1+2 必然不能为 N+N 结构所接受，因为 1+2 不是构词的节律。他发现事实正是如此：

（9）1+2　　　　　　　　1+2

N+N 词法词　　　　　A+N 句法词

*皮工厂　　　　　　　黑皮鞋

*鞋工厂　　　　　　　大工厂

*书商店　　　　　　　小书店

由此他进一步推断：如果 *N+N（1+2）（如"*皮工厂"）一般都不合法，那么合法的 N+N（1+2）（如"纸老虎"）必然不同于非法的"*皮工厂"。因为虽然"纸老虎"（纸做的老虎）合法，但"*纸工厂"（造纸的工厂）却不合法。虽然可以说"金项链"（金子做的项链），但不能说"*金商店"（卖金子的商店）。有趣的是，"纸厂""造纸厂""造纸工厂"以及"金店""五金店""黄金商店"都能说，唯独 1+2 式的"*纸工厂"和"*金商店"不能说。造成此种对立的原因只能归之为其中"纸"与"金"在不同结构中的功能不同。如此可认为"纸工厂"与"纸老虎"中的"纸"句法功能不同，"金商店"与"金项链"中的"金"句法功能不同，前者为名词性的，后者为形容词性的，吕叔湘、饶长溶（1991）把这类形式称之为"非谓形容词"。由此冯胜利先生认为这类 1+2 当属特例，它们的合法性是由其自身的特性决定的，而不是由韵律构词的一般规律决定的。由此解释了第一个挑战，因为"纸老虎"不是 N+N 结构，而是 A+N 结构。

接下来需要解释第二个挑战，即根据音步逆向组合的结论，1+2 型的"形容词 + 名词"组合"小雨伞"也是短语。然而，如果 1+2 的 A+N 是短语，怎么解释"*很小雨伞、*非常伟大人物"这类组合不能说的现象呢？针对这种情况，冯胜利（2001）认为，A+N 既有短语的性质，又有词的特点。其形式始于短语，因此是逆向音步的结果。但因为最终的形式还是词，所以应该将其纳入"句法词"，而所谓的"句法词"指的是通过句法运作而产生的词。"*很小雨伞、*非常伟大人物"这类现象的不合法，说明 A+N 具有词的特点，那么什么标准可以鉴别出其具有短语的性质呢？冯文主要用了两条标准：一条是句法标准，一条是语音标准。

所谓的句法标准，这里用到的是能否接受颜色词的修饰，如果可以直接受颜色词修饰，则说明其具备词的特点，反之则说明其具备短语的特点。请看冯文中举的例子：

（10）大盘子　　　＊白大盘子　　　大白盘子

　　　小凳子　　　＊黑小凳子　　　小黑凳子

　　　大汽车　　　＊红大汽车　　　大红汽车

　　　大褂儿　　　白大褂儿

　　　小豆　　　　红小豆

　　　大汉　　　　黑大汉

　　　值得指出的是，有人也许会说，"大白褂儿、小红豆、大黑汉"也都可以成立啊，但我们知道"白大褂儿"和"大白褂儿"意思不同，前者代指医生，后者仅指衣服是白色的。所谓的语音标准，主要是上声变调。"小雨伞"可以读成323，这也说明了其短语的性质。

　　　综上，冯文指出 A+N 形式具有如下的短语特征：第一，必须遵循短语构造时"大小＞颜色＞名词"的词序；第二，必须遵循逆向音步的变调；第三，绝不能成词。它们不能成词是句法的产物，而它们的词汇特征只是句法运作的结果。由此不仅可以证明"右向构词，左向为语"的正确性，同时也回应了 A+N 这类词／语两属形式向早期韵律构词学理论提出的挑战。

　　　这就解决了理论初期面临的挑战，解释了"纸老虎"的合法性并没有否定"名词＋名词"组合中"右向构词"的原则，因为"纸老虎"中的"纸"是非谓形容词，而非名词。而"纸老虎"与"＊纸工厂"的对立，也说明 1+2 的"名词＋名词"组合是不成立的事实。因为"名词＋名词"组合是构词结构，而 2+1 是构词音步，因此"名词＋名词"组合应该使用2+1。关于"纸老虎"与"＊纸工厂"的对立，我们认为 Cinque（1993）的解释也提供了一种新的思路，其分析认为"纸老虎"属于附加语－核心词结构，所以核心词得到重音，因此"纸老虎"合法；而"* 纸工厂"属于论元－核心词结构，所以论元应该得到重音，但"纸"并没有得到重音，因此"纸工厂"非法。

综上可知，"右向构词，左向造语"原则其实也是一种匹配原则，即音步组合和句法性质之间的匹配。如果句法上是构词形式，则匹配 2+1 音步组合。句法上是短语，则没有严格的匹配要求，但是反过来，1+2 则主要是短语。这一原则不但解释了"名词＋名词"组合中"* 煤商店"的非法，同时也解释了"纸老虎"的特殊性；不仅解释了"形容词＋名词"结构中大量 1+2 式的合法，也可以解释"形容词＋名词"结构中为何 2+1 式很少；还可以解释动宾组合以 1+2 为主，"印文件"与"复印店"的对立等现象，把很多难以解决的问题都纳入了韵律构词体系之中。

说到"左向造语，右向构词"原则，我们顺带提一下周荐（2003）的相关研究，他认为三字组合的词与固定短语、词与自由短语并不因该组合的意义是字面性的还是非字面性的，或者该组合的结构是 2+1 式还是 1+2 式而存在界限，更关键的是看该组合的语法属性和结构关系的性质，其中组合的语法属性对该组合词语身份的确定起着至关重要的作用。他认为，一般而言，语法属性是谓词性的，较易被人们视为非词；语法属性是体词性的，较易被人们看作词。他还认为韵律词理论在确定一个双字组合是否成词方面是有用的，但能否以其为标准判定一个三字组合是否成词，尤其以此理论认定 2+1 式成词，1+2 式不成词，还需斟酌。因为如果按照冯胜利先生介绍的韵律词理论，音步实现的方式必须是从右向左，而不能是从左向右。然而 2+1 式成词，1+2 式不成词，至少对汉语的三字组合不具备充分的说服力。因为无论你从右向左还是从左向右，必然是 2（或 1）+1（或 2）的组合。2+1 或 1+2 中的 2 都是事先组合好了的，然后再把 1 前置或后置接在一起而成为三字组合，但是在周荐（2003）的体系中，也很难找到一个很有说服力的规律，只能是具体例子具体分析。而"左向造语，右向构词"原则无疑是有着很强的解释力，且有规律性的，可以帮我们解释和预见现象。

以上我们主要介绍了冯胜利先生"右向构词，左向造语"原则最初的提出及早期理论面临的挑战，可以说这一原则一经提出就比较圆满地解释了辅重原则中遗留的"形容词＋名词"结构这一老大难问题。从前面的介绍可知，动宾组合也有遗留问题没有解决，一般认为动宾组合 1+2 组合好，2+1 组合不好，其原因有如端木三先生认为的主要是词长弹性的问题，也有陆丙甫先生指出的轻重问题。关于动宾组合，冯胜利先生又是如何解释的呢？下面主要对其动宾组合的相关研究加以梳理。

冯胜利（1997）较早关注了动宾组合，用以说明普通重音对句子基本结构的制约作用。认为 1+2 型动宾组合里，左边的成分有一个音节，右边的成分有两个音节。两个音节比一个音节重，因此这个组合是"左轻右重"，正好符合普通重音"右重"的要求。然而如果动词由两个音节组成，而宾语只有一个音节时，由于二重于一，势必形成"左重右轻"的局面，而"扬抑"式结构绝不合乎普通重音的要求，因此 2+1 动宾也必然不能接受。他举到的例子有"种植树、归还钱、阅读报、选择课、浇灌花、砍伐树、埋葬猫"等。

与此同时，他也发现有的 2+1 可以成立，如"喜欢钱、吓唬人"。他将"归还、种植"与"喜欢、吓唬"进行比较后发现，"喜欢、吓唬"类动词已然都失去了原有的声调，是一个轻读或轻声字，其韵律分量明显不足，所以是个"残音步"。而双音节动词的分量如果残损不足，单音节宾语便可以与之争雄，充当普通重音的代表。这样就解释了"喜欢钱、吓唬人"可以接受的原因，这也就是 2+1 所以少于 1+2 的原因，因为 2+1 的合法是需要条件的。至此，冯胜利先生用汉语的普通重音原则解释了汉语动宾组合 1+2 合法，2+1 非法，部分 2+1 为何合法的内在原因，而这一解释与"左向造语，右向构词"原则也是不谋而合的。

关于动宾组合的解释，前人也有论述，如吴为善（1986）也谈到动宾组合虽然不宜为 2+1 节奏，但宾语若为轻读代词却不在此例，因为那是另一种轻重模式。吴先生指出的则是另一种类型的"残音步"了。端木三（1999）主要从词的弹性作用进行解释，认为"研究鬼"中"鬼"没有对应的双音节形式，"研究"没有对应的单音节形式，所以长度上没有选择。但这种弹性作用的解释在解释"喜欢钱"时就会遇到问题，"钱"有对应的双音节形式"金钱"，但我们却甚少说"喜欢金钱"。当然有人会说，这是不是风格不搭配的问题，"喜欢"偏口语，"金钱"偏书面语。这个也是一种可能，正如冯胜利（1997）指出的，用风格冲突来解释固然不错，但绝不能因此而忽视其所以然。韵律上的解释不仅可以说明为什么双音的风格比较庄重而单音就比较随便，而且可以弥补"风格说"的不足。例如：

（11）* 他们正在浇灌花。

　　　　他们正在浇灌大白菜。

　　如果说"浇灌"与"花"风格不一致，那么"浇灌"与"大白菜"的风格就一致吗？恐怕"大白菜"比"花"更口语。另一方面，如果双音形式跟单音形式有风格上的差异，所以 2+1 造成风格冲突，那为什么 1+2 就没有造成风格上的冲突呢？基于以上观察，冯胜利先生认为风格说恐怕很难系统地解释上述现象。

　　冯胜利（2013a）也专门讨论了"*V 双 +N 单"的非法性，他释例如下：

（12）清理仓库　　　清理仓　　　清仓　　　* 清理仓

　　　增加薪水　　　加薪水　　　加薪　　　* 增加薪

　　　收割小麦　　　收小麦　　　收麦　　　* 收割麦

　　从以上例子出发，他认为在保证句法结构不变、语义内容相近的前提下，由于音节单双导致动宾短语的非法性只能归因于韵律。根据汉语的管辖式核心重音（G-NSR）可知，对于动词的基础结构而言，核心重音必须由动词指派给它所直接管辖的补述语，也即这里的动宾短语不能违背抑扬式的韵律结构。而 2+1 式属于"左重"的扬抑式结构，违背了核心重音规则（NSR）的要求，因此非法。而汉语中存在的一些可以接受的 2+1 动宾组合正是由于韵律结构的改变才变得合法。因为如果说 2+1 动宾组合之所以非法，原因在韵律那么若能够对这一形式的韵律结构进行调整使其合乎 NSR 的要求，则可以变非法为合法。例如"喜欢钱、吓唬人、买卖花"等合法的 2+1 中的双音节动词都是轻声词，而

第二个音节是轻声的双音节词有的只相当于一个音节的长度（林焘，1990），属于"残音步"。也正因如此，其韵律分量自然不足，单音节宾语就可以与之争雄，充当普通重音的代表，因此这类现象是可以接受的。由此可见，按照句法规则，韵律所有的动宾组合必须是合法的，然而2+1式的动宾组合却因为违背韵律规则而不可接受。同时，部分2+1式动宾组合又由于韵律结构的改变转而成为合法现象，从反面证明了韵律的重要作用。因此，就动宾组合而言，我们不能不说："成也韵律，败也韵律。"韵律对句法的确存在控制作用。

除此之外，周荐（2003）和周上之（2013）也涉及对动宾组合的研究。周荐（2003）认为述宾关系三字组合，1+2式占主导地位，还是能够给人以词感并成为词汇单位的；而2+1式则不大能给人以词感，很难使人确认其词汇单位的身份，关键问题还不在该单位本身，而在汉语总体上的情况。他认为，汉语总体情况是汉语词汇双音节化运动中，名词的单音变复音的比率远远高于其他词类，因而以述宾关系构成的三字组合多为1+2式，少有2+1式。这一观点与王洪君（2001）基本一致，即认为音节搭配常规，如述宾和"形容词＋名词"定中是2+1不好，"名词＋名词"定中却是1+2不好，这是由汉语史上双音化历程中名词、动词与形容词的发展差异和单双音节的语法功能分化造成的，与重音无关。但是仅仅从双音化的角度来解释，很难系统解释为何"名词＋名词"组合1+2非法，也难以解释为何"动词＋名词"组合2+1合法，只能是一种倾向性的结论。

周上之（2013）讨论了2+1动宾式成立的条件。周上之

（2013）不同于端木三（1999）认为 1+2 比 2+1 好的观点（如"*种植蒜/种大蒜""*学习画/学绘画""*购买粮/买粮食""*收割麦/割麦子"），亦不同于冯胜利（2005）认为汉语的动宾短语 1+2 合法，但 2+1 不合法的观点（如"开玩笑、动手术、泡蘑菇"等 1+2 型合法，"*种植树、阅读书、打扫街"等 2+1 式非法）。他认为"*种植树、*阅读书、*打扫街"不成立，只能说明有一部分 2+1 组合不能成立，而不能证明整个 2+1 动宾式非法，原因有三（周上之，2013：21）。

首先，他认为这样的结论有悖于汉语实际。汉语的动宾组合，既有 1+2 式，也有 2+1 式，比如"摆弄枪、折磨人、喜欢狗、捉弄他、歌唱党、污染水、欣赏画、笑话我、注意车"等等。这些 2+1 式也是常用的，根本没有什么地方不如 1+2 式。但是我们可以注意到这类所谓合法的 2+1，要么宾语是代词，如"捉弄他、笑话我"；要么宾语是常用词，如"人、狗、水、车"；要么是双音节动词中有轻声，如"喜欢、笑话、摆弄"；要么就是成立不自足，如"摆弄枪、歌唱党、欣赏画"。可见 2+1 的动宾组合并非是自然合法的结构。

其次，即使存在"*种植树、*阅读书、*打扫街"这样非法的例子，也不能证明 2+1 动宾式非法。比如，完全可以说"研究树、琢磨树、负责树、留神树""喜欢书、准备书、提供书、没收书"。这些 2+1 的例子也都很好。（我们注意到他举到的这些 2+1 成立的例子，同样具有上面我们谈到的特点。）

再次，这种推论把复杂的问题简单化，难免以偏概全。比如可以用同样的逻辑推导出相反的规则：汉语的动宾组合 2+1 合法，而 1+2 不合法。依据是"吓唬人、糟蹋钱、节约电"等 2+1 式合法，而"*种田地、*阅报纸、*扫文盲"等 1+2 式非法。我们注意到这类非法的 1+2，要么是动词本身不能单用，如"阅"。要么是虽则可以单用，但单用时是不同的语素，如"扫"。"扫"作为单纯的"清扫、打扫"义时可以单用，如"扫教室、扫灰尘"；但作为引申意义时，就不能单用了。而"*种田地"的非法，则是语体的问题，说"耕种田地"更好。

基于以上三点，他认为"*种植树、*阅读书、*打扫街"不成立，只能说明有一部分 2+1 组合不能成立，而不能证明整个 2+1 动宾式非法，必须承认 1+2 和 2+1 都是合法的动宾组合这样的语言事实。他认为之所以有些 2+1 动宾式非法，问题并不在 2+1 本身的好坏，而在于为什么 2+1 中的"研究树"之类可以成立，而"*种植树"之类不能成立。进而提出 2+1 动宾式是否成立与节律无关，而取决于动宾式背后的字辞① 关系。

据他研究，根据组合性质，动辞也分为单组辞和混组辞两类。单组动辞只能与名辞直接组合，不能与名字直接组合。混组动辞既能与名辞直接组合，也能与名字直接组合。也即单组动辞只能构成 2+2 式，不能构成 2+1 式。而混组动辞既能构成 2+2 式，又能构成 2+1 式。而上述"种植"等动辞都是单组动辞，所以它们只能带名辞宾语，不能带名字宾语。而"研究"等动辞都是混组动辞，所以既可以带名辞宾语，如"研究问题"，也可以带名字宾语，如"研究树、研究人"。而"种植"等辞之所以属于单组辞，

---

① 此处"字辞、动辞、单组辞、混组辞"等带"辞"字的术语沿用原作者的说法。

这与其本身包含的同义动字紧密相关。他的有以下两个结论。

结论一：对应辞构成 2+1 动宾式的限制较大，尤其当其中的动字可以与同一个名字组成 1+1 动宾式时。他统计了 HSK8000 词汇大纲中的全部 192 对动字辞，其中仅有 12 对中的动辞在对应动字可以构成 1+1 式的同时，仍然具有构成 2+1 式的混组能力，如"帮人／帮助人"等，约占总数的 6%，其他的对应辞均不能构成 2+1 式，约占 94%。这个统计说明动宾组合 2+1 式本就是不合法的，否则成立率不会这么低。

结论二：同时影响 2+1 动宾组合的有动辞和名字两个方面的因素。其中任何一方，无论其来自字或辞，都可能造成 2+1 的直接组合受到限制。

通过研究，他认为节律对 2+1 动宾式的制约作用极其有限，至少必须具备如下条件：首先，在字辞关系上，动辞和名辞的构成必须是并列式，并具有同义对应字；其次，必须具有 1+1 "对应动宾式"；最后，在句法条件上，它必须是不附带其他句法成分的最小动宾式。只有在同时满足这些条件的情况下，2+1 才是不合法的，我们才不得不使用 2+2 形式。因此他认为汉语的组合具有高度灵活性，在符合字辞组合规则的情况下，只要动宾语义不矛盾，就不存在节奏的障碍。汉语的韵律节奏不等于汉语诗歌的韵律节奏。节奏的制约服从于字辞混组的规则，而不能凌驾其上。这样的处理，同样缺乏宏观的视角，缺乏理论规律，而不得不回到具体的一个个字辞的研究上来。

三、以语义为基础的研究

相关研究以吴为善（1986、1989、2006）、王灿龙（2002）、

张国宪（2006）、周韧（2006）、端木三（2005、2007）以及柯航（2012）为代表。他们的主要观点是认为单双音节搭配的成因以语义为其内在根源。其中较早以语义为基础展开研究的当属吴为善（1986、1989、2006），其"松紧匹配原则"认为 1+2 和 2+1 的音节组合有松紧之分，如动宾组合属于松的结构，所以应该匹配 1+2 这样松的音节组合。吴先生的相关研究，我们在本章第二节 20 世纪 80 年代部分有详细介绍，此处不再赘述。我们这里重点介绍王灿龙（2002）、周韧（2006）、端木三（2005、2007）以及柯航（2012）等的相关研究。

王灿龙（2002）主要是从认知语义的角度进行研究。该文一开始就针对学界提出的既不是语法原因，也不是语义原因，而是音节原因的两组组合的说法表示了质疑。一组是 2+1 的动宾组合，如"*种植蒜、*学习画、*购买粮、*收割麦"。一组是 1+2 的名名偏正组合，如"*煤商店、*技工人、*药商店、*表工厂"。他观察到语言中有如下成立的例子：

（13）观察猫　吓唬人　尊重人　教育人　坑害人　折腾人
　　　看重钱　糟蹋钱　相信鬼　冶炼钢　提炼锌　克隆羊
（14）皮背包　糖葫芦　书呆子　铁砂锅　铝饭盒　面疙瘩
　　　纸飞机　竹凉席　木音箱　纸尿布　酒文化　金项链
　　　奶山羊　票贩子　鬼故事　茶饮料　肉包子　官本位

那么王灿龙先生对上述现象是如何解释的呢？他主要利用的是沈家煊（1999）提出的相邻原则和相似原则。相邻原则即人们倾向于把距离相近的两个成分看作一个单位。相似原则是人们倾向于把某方面特征相同或相近的两个成分看作一个单位。王灿龙先生特别指出的一点就是，当我们把认知上的相邻原则运用到语言学上时，"相邻"的意思就不是指平面距离或三维空间上的邻近，而是指语域（register）或认知域（cognitive domain）上的邻近。然后他基于相邻相似原则，以动宾组合为例，认为在语域和认知域中，单音节动词与单音节名词的距离以及双音节动词与双音节名词的距离，比单、双音节动/名词之间的距离要近得多。一般情况下，人们更倾向于将单音节动词与单音节名词或双音节动词与双音节名词组合在一起，形成动宾关系。

那么他又是怎么解释 1+2 和 2+1 这两种有标记组合式的呢？首先他将 1+2 动宾组合分为三种情况：

1. 当名词的两个语素可以分别独立成词时，这种 1+2 式的结构常常被人们分解成 1+1 式。如"? 种花草 / 种花、种草""* 挖土地 / 挖土、挖地"。

2. 当名词的其中一个语素可以独立成词时，也常被分解成 1+1 式。如"? 查账目 / 查账""* 还债务 / 还债"。

3. 当名词的两个语素都不能独立成词时，1+2 式结构就有了牢固的语言基础，整个结构也就有了较强的稳定性。如"运木料 /* 运木、* 运料""洗衣服 /* 洗衣、* 洗服"。

从我们对 1+2 的分析可以看出，他认为动宾组合采用 1+2 还是 1+1，主要是根据双音节宾语的构成语素是否能独立成词来判断的。但是我们发现有很多由两个独立语素构成的名词与动词组成动宾组合时，1+2 是合法的结构。如"喝牛奶、偷钱包、炒鸡蛋、打水枪、买手表、玩风车"，其中的双音节名词"牛奶、钱包、鸡肉"的两个语素都可以独立成词。上面这些例子中像"买手表"这样的组合，在实际语言中"＊买手"（当其为动宾结构时）是不成立的，因此"买手表"其实是王先生指出的第二种情况。但"偷钱包"，既可以说"偷钱"，也可以说"偷包"，这就违反了他指出的第一种情况。这些例子至少说明以宾语的两个语素是否独立成词来判断 1+2 结构是否成立，条件还不够充分。

一般认为 2+1 动宾是不成立，他认为也可分为三种情况：

1. 当动词中的两个语素可以分别独立成词时，人们通常会拆解该动词与名词进行组合，使 2+1 式变为 1+1 式。如"＊抄写信 / 抄信、写信""＊缝补鞋 / 缝鞋、补鞋"。

2. 当动词的其中一个语素可以独立成词时，该动词也会被拆解，与名词形成 1+1 的结构式。如"＊种植草 / 种草""＊释放气 / 放气"。

3. 当动词的两个语素都不能独立成词时，该动词就无法进行拆解。这样，它与名词的结合就有了不可动摇的稳定性。如"观察猫 /＊观猫、＊察猫""糟蹋钱 /＊糟钱、＊蹋钱"。

这样以动词语素是否可以独立成词来判断 2+1 是否成立的方法，同样面临问题。以王文提到的能够成立的 2+1 为例，如"观察猫、吓唬人、尊重人、教育人、坑害人、折腾人、看重钱、糟蹋钱、相信鬼、冶炼钢、提炼锌、克隆羊"，这些例子中的很多双音节动词都不满足两个语素都不能独立成词的条件，如"吓唬、教育、坑害"，但 2+1 还是成立，并非只能用 1+1。

基于以上分析，王灿龙先生认为动宾组合对音节的要求首先是单音节动词与单音节名词、双音节动词与双音节名词的组合，这是由相邻原则和相似原则以及单、双音节词的认知语义共同决定的。而所谓单、双音节的认知语义即单音节词表示基本层次范畴，语义较具体；双音节词表示非基本层次范畴，语义较抽象。这是一个总的情况，中间还有一个逐渐过渡的地带。针对 1+2 结构，他举了两组例子，一组是"运木料 /* 砍木料"，一组是"洗衣服 /* 洗服装"。第一组中"砍"的动作义比"运"更具体，而"木料"的事物义较抽象，因此"砍木料"非法。第二组中"服装"的事物义比"衣服"抽象，而"洗"的动作义较具体，因此"洗服装"非法。

王先生认为 2+1 的情况有点复杂。进入这类结构的双音节动词动作义都比较抽象，有的是表示心理活动的动词，如"尊重、看重、相信"等，有的是外来词，如"克隆"等。这类动词的两个语素都不能独立成词，整个词是表义的唯一选择。当单音节名词与这类动词（外来词除外）组合成动宾结构时，单音节名词在该结构式中被激活的语义并不是最基本的语义，而是某种引申义或比喻义。如"尊重人"，"人"在这里的语义，绝不是"能制造工具并使用工具进行劳动的高等动物"所表现出来的自然属性义，而是"人"作为社会动物所应有的社会属性义，像人格、权利、地位等。所以我们不说"尊重猫、尊重狗"（"猫"和"狗"都不是社会动物，没有社会属性）。他认为在这个角度上，2+1 式同样遵循相邻原则和相似原则，不同的是它们表现在更深的层面上而已。但是 2+1 式，他并没有从认知语义的角度进一步解释为什么语言中存在大量非法的 2+1，如前面提到的"* 种植蒜、* 学习画、* 购买粮、* 收割麦"。王灿龙先生最终得出句法组合的决定因素是认知语义，认为音节的限制只是表面现象，对这类句法单位可以在音节层面进行考察、描写，但如果解释仍然从音节层面进行的话，则很难触及问题的本质。

从以上的分析可知，王灿龙先生主要依据相邻原则和相似原则得出 1+1 和 2+2 是无标记组合模式的结论，然后又具体分析了 1+2 和 2+1 这两组有标记模式。在分析 1+2 和 2+1 时，他主要根据语素是否可以独立成词来判断结构是否成立，这一判断属于语法判断，但正如前面指出的，也存在很多问题。当遇到这一语法手段无法判断的现象时，他又结合单、双音节的认知语义来判断，如上面对"运木料 /* 砍木料"的分析。但是这种基于认知语义的解释，王先生并没有贯穿始终，所以其解释力还需要进一步论证。

这里引用柯航（2012）的一段评价，方便大家对王灿龙先生的研究有一个更深入的了解。

> 王灿龙的思路略有不同。他的重点不是考察同一词类不同词长的语法分工对于单双搭配的影响，而是从认知角度来解释述宾和定中结构单双搭配问题。他首先讨论了音节数与认知语义之间的关系，认为无论是名词还是动词，都以单音节词为各自词类的典型成员，表达基本层次范畴的概念，因此相同词长的动词和名词在认知上距离更近。根据认知上的相邻原则和相似原则，人们倾向于把距离相近的两个成分，或者在某方面特征相同或相近的两个成分看作一个单位，所以 1+1 或 2+2 是无标识形式，1+2 或 2+1 是有标识形式。由于无标识形式总是优先被采用的形式，所以但凡有可能将 1+2 式或

2+1 式组合中的双音节 2 拆成单音节 1 的，该结构就通常会被分解为 1+1 式。

王灿龙对于述宾搭配的解释我们认为是比较具有创新性的，尤其是他观察到的那些 1+2 式述宾组合反而不能成立的现象（如"*挖土地、*还债务"），是上面基于韵律的研究和基于词类特性的研究都难以照顾到的现实问题。王灿龙对 NN 定中中定语的单双音节选择讨论得比较简略。他认为 NN 定中具有可命名性，因此定语无论单双，都要满足一个基本的语义要求：能够据此对中心语名词所表示的事物进行分类。有些搭配不成立，实际上是由于不能满足这个基本的语义要求造成的。例如，因为我们不会用"药"来给商品分类，所以就不能说"药商品"。王灿龙的分析有各自为战的特点，可以分析某些孤立、零散的语言事实，却难以解释与句法结构相关的具有倾向性的音节组合模式的产生原因。

张国宪（2006）在讨论"形＋动"的音节组配现象时也提出其不是单纯的韵律问题，而是语义在韵律层面的折射，并建立了音节与动词、形容词语义之间的关联：

（15）

	无标记组配	有标记组配
音节	单音节	双音节
动词	行为	动作
形容词	性质	状态
时间性	恒久	临时

这个模式表示：性质形容词与"行为"动词组配，状态形容词与"动作"动词组配，都是无标记的。而其他的组配方式，如性质形容词与"动作"动词组配，或状态形容词与"行为"动词组配，都会不同程度地呈现出标记性。因为无论是在语义域上还是在认知域上同韵律模式单位匹配的距离要明显近于异韵律模式的匹配，形容词状语句法功能的先天不足（形容词做状语是一种有标记的功能）通过韵律的补偿而得以实现，导致了单音节与单音节匹配，双音节与双音节匹配的对称现象。

张国宪在分析音节组配成因时进一步强调：

> 语义和句法是音节组配的内在动因，而韵律的组配从本质上说是语义和句法的要求在语言形式上的外在显现，韵律的匹配严格地说只是一种语用倾向而不是严谨的句法规则。

这与端木三、冯胜利先生强调的韵律制约句法的观点是大相径庭的。张国宪对"形＋动"音节组配的解释是：句法的作用只是体现在"行为"动词典型的词长为单音节，以及"动作"动词典型的词长为多音节上。那么句法是否在"形＋动"中有更多的作用，韵律是否真的只是一种语用倾向呢？关于这一问题，崔四行（2012）通过对"$A_单+V_双$"和"$A_双+V_单$"的研究，发现"$A_单+V_双$"有两种不同的句法性质，一类是句法词，一类是短语。前者如"深呼吸"，后者如"早考虑"。而双音节形容词做状语则只有一种性质即短语，由此其发现一个问题，即同样是修饰动词，句法性质都是短语，为什么"$A_单+V_双$"独立时合法，如

"干瞪眼、活受罪、乱批评",而"$A_双+V_单$"却不合法呢,如"*细心思、*深深感"。句法上无法解释这一对立,语义上也无从下手。在这一背景下,崔四行(2012)采用"附缀化"这一句法运作,成功解释了上述对立。崔提出:"$A_单+V_双$"中的 $A_单$ 发生了"附缀化"运作,由此 $A_单$ 贴附到 $V_双$ 上形成了韵律句法词;而"$A_双+V_单$"中的 $A_双$ 因没有韵律动机("$A_单+V_双$"中的韵律动机为"单音不成步"),未发生"附缀化"运作,因此还是短语。基于此,该文认为附缀化运作本身即体现了韵律与句法的相互作用,由此可以认为韵律在形动搭配中不仅仅是一种语用倾向,而有其自身的规律,一旦违反则不合法。

周韧(2006)主要讨论了"重音与汉语句法组合的韵律模式",他深入评价了辅重原则和深重原则,讨论了汉语中的"名词+名词"组合和"形容词+名词"组合,最终认为决定其韵律模式的关键不是词和短语的区分认定,"信息量"的大小才是用来解释的唯一依据:

> 在汉语的句法组合中,信息量大的成分将得到重音,而信息量小的成分得不到重音。

他重点以定中结构为例进行了说明,认为在定语的排序中,是一个信息量从小到大的过程,而决定排序的根本因素,是定语本身所属的语义范畴,而不是它的词类性质。他认为使用语义范畴的概念来说明汉语的韵律模式其优点是显而易见的,并将定语分为三类语义范畴:第一类是基本层次范畴,比如新旧、大小、颜色、形状和气味等最基本的概念。认为此类定语信息量小,得不到重音。第二类是用途范畴，此时信息量大，倾向使用双音节，要得到重音。第三类是中间范畴，如属性、时间、处所和材料等。此时信息量适中，有可能得到重音，也有可能得不到重音。(16)(17)(18) 分别是这三类定语语义范畴对应的三组例子：

(16) 视觉：　大房间　　小苹果　　新裤子　　白衬衫　　细脖颈

　　　　　　矮房子　　宽桌子　　胖厨师

　　　听觉：　轻音乐　　重音节

　　　味觉：　酸豆角　　甜酒糟　　苦菜花　　辣鸡翅　　咸花生

　　　嗅觉：　香馒头　　臭豆腐

　　　触觉：　烫山芋　　凉啤酒　　热牛奶　　冷开水　　软皮球

　　　　　　硬壳子　　好老师　　坏小孩　　贵东西　　懒婆娘

　　　　　　穷学生　　慢性子　　急脾气　　快节奏　　笨地主

　　　　　　傻大姐　　生黄瓜　　熟苹果　　假公主　　真间谍

　　　　　　早班车　　毒蜘蛛

例 (16) 属于基本层次范畴，韵律模式以 1+2 为主。

(17) 报刊亭　　报刊室　　报刊栏

　　　阅览室　　收发室　　阅览栏

例 (17) 属于用途范畴，韵律模式以 2+1 为主。他指出的韵律模式上凸显中心词的 1+2 格式，如 "*煤商店、*表工厂、*技工人" 等，正是因为违反了信息量大的单位应该得到重音的原则，所以是不合法的形式。

(18) 贫困生　　优秀生　　大型厂　　新款鞋

　　　文明棍　　规范字　　恐怖片　　荒诞戏

例（18）属于中间范畴。不同于一般认为的定中组合以 1+2 为常规组合，周韧认为此时整个定中组合可以是 1+2，也可以是 2+1。他认为这类 2+1 和 1+2 有很大的不同，主要以"主观认定"和"客观认定"来进行区分。1+2 被认为是"主观认定"的，2+1 是"客观认定"的。比如说，"穷学生"和"贫困生"虽内部组成成分的语义区别不大，但是"穷学生"是"主观认定"，而"贫困生"是"客观认定"，"穷学生"不一定是"贫困生"。他认为 2+1 中形容词语义的客观性很高，包含的信息量大，其语义是被"权威"所确认的，如"大型厂"就必须符合一些标准，比如员工的数量、每年的产值和固定资产的数额等。

不得不承认，周韧将信息量原则用于定中结构的分析是很有道理的，成功解释了三类形容词范畴与名词搭配时的音节组配问题。美中不足的是没有明确信息量如何计算，以及除了定中组合，信息量原则是否还可以用来解释"名词＋名词"组合、"动词＋名词"组合等方面的问题。周韧也指出信息量的解释，更多是功能上的解释，但他认为重音分配的成因很可能是长期遵循语用用法后的语法化。比如动宾组合中，宾语充当新信息的机会多，因此宾语得到重音的情况就逐渐演变为一种无标记情况，最后通过语法化上升为一条规则。但这些他并没有严密地论证，还停留在设想层面。

柯航（2007）基于标记理论，建立了单双音节搭配的关联标记模式，她认为在不受其他条件制约的情况下，松的音节组合方式应该对应松的语义关系，紧的音节组合方式应该用紧的语义关系。她由此发现了各结构单双音节搭配中的音节组合方式与句法结构之间存在如下的关联性：

（19）　　　　　　　　　音节紧（2+1）　音节松（1+2）

　　　语义紧　　　无标记　　　　有标记

　　　语义松　　　有标记　　　　无标记

之后她进一步建立了韵律和语义、结构之间的关联模式：

（20）　　　松　　　　　　　　　　紧

　　韵律　1+2　　　　　　　　　2+1

　　语义　述宾　　　　　　　　　定中

　　结构　语（不能包含黏着成分）词（可包含黏着成分）

　　但这样的标记似乎无法解释定中结构，因为按照"关联标记模式"，定中结构"语义紧"应该和"紧音节"建立无标记关系，但事实上却和"松音节"建立了无标记关系。为解决这一问题，她具体化了定中结构中单双音节搭配的关联标记模式：

（21）　　　无标记组配　　　　　　无标记组配

　　韵律　1+2　　　　　　　2+1

　　语义　松　　　　　　　紧

　　结构　语（不能包含黏着成分）词（可包含黏着成分）

　　这一标记模式根据定中结构内部成分黏着与否将其分为语义上"松散的定中"和"紧密的定中"。"松散的定中"和松音节形成无标记组配，"紧密的定中"和紧音节形成无标记组配。这样就将韵律、语义与结构联系起来，而语义的松紧则是通过有无黏着的句法成分来判断的。这一理论和"松紧匹配原则"的不同在于根据句法成分黏着与否将定中结构内部语义又细分为"松语义"和"紧语义",而不是简单地认为凡是定中结构就一定对应"语义紧"。同时柯航也提到了对于定中结构内部关系松紧度的一个更本质的判断标准:

> 越能够反映该中心语本质特征的定语,与中心语的
> 结合越紧密;越是表现中心语外围、不稳定属性的定语
> 所构成的定中结构越松散。

而这一判断标准更直观的体现就是能否加"的",通过"的"的隐现就可以知道哪些定语和中心语之间的关系相对紧密,哪些定语和中心语的关系比较松散。根据这一关联标记模式她主要讨论了"用途类""新旧类""属性类"三种定中结构。例如"用途类"定中往往与2+1形成无标记组配,定语和中心语之间往往不能插入"的",几乎不出现1+2搭配,如:

（22）开水瓶　　垃圾箱　　肥皂盒

　　　灯光师　　烟草商　　油漆工

　　　啤酒厂　　礼品店　　手表厂

（23）肥皂盒——*皂盒子

　　　油漆工——*漆工人

　　　手表厂——*表工厂

柯航认为"用途类"定中单双音节搭配里的这种强烈的2+1式一边倒倾向,充分说明了象似性原则在单双音节搭配中所起的作用。但她又说实际上在"用途类"定中结构里,也有1+2和2+1都能成立的,例如:

（24）果篮子——水果篮

　　　药罐子——中药罐

她发现前者常用于比喻，例如：

（25）中国人的果篮子越来越全球化。

　　　他从小就是个药罐子，医生说他内热体虚，中药不知
　　　道喝了多少。

另外她发现这两类例子也有书面语和口语的区别，前者更加口语化。

如果说用关联标记模式解释"用途类"定中结构还比较充分的话，那么对"新旧类"定中结构的解释则有些牵强了。如果按照能否加"的"来判断，则"新旧类"定中结构多数是可以加"的"的，例如：

（26）大书桌——大的书桌

　　　小书桌——小的书桌

　　　新衣服——新的衣服

　　　旧衣服——旧的衣服

但她指出的颜色类如"黑、白"等显然不能加"的"，例如：

（27）黑衣服——? 黑的衣服

　　　白衣服——? 白的衣服

退一步来说，即使她所指出的"新旧类"定中结构都可以加"的"，那么这种判断的方法显然属于句法范畴，因为能否加"的"，反映的是结构的成词性还是成语性。如果这一判断有效，

那似乎定中结构内部不需要建立前面所述的单双音节搭配的关联标记模式。因为如果定中结构内部的 1+2 和 2+1 均为无标记模式的话，似乎就不需要标记了。她在文中解释道，"新旧类"定中结构以 1+2 为主，是两个因素共同作用的结果，一是为了遵循语言的象似原则，以松散的形式表达松散的结构；二是构成材料的音节特征也正好提供了便利条件，即"新旧类"形容词多为单音节。但事实上"新旧类"形容词，单双音节都有，如"新—时新、大—高大、好—美好"等。由其对定中结构的处理可以看出关联标记模式的一些缺陷：这一模式试图建立起韵律、语义和结构之间的对应关系，并说明其根本决定因素在语义，但在实际操作中用到的标准却是句法的标准，语义标准更多的只是一种表现，没有贯彻到底。

四、其他解释

除以上学者之外，其他中青年学者也对三音节的语法属性进行了研究。其中崔四行（2009、2012）主要从韵律制约句法、句法决定韵律的角度，讨论了三音节状中结构的韵律问题。三音节状中结构，如果按照辅重、深重原则来说，状中结构中状语都是辅助成分，但事实是状中结构中同样存在合法的 1+2 和 2+1 结构。如单纯按照"左向造语，右向构词"的原则，不考虑句法的决定作用，似乎也有问题。"左向造语，右向构词"只能用来说明句法性质为词还是为语，不适合用来判断句法结构是否合法。由此，文章在冯胜利先生"左向造语，右向构词"原则基础上，提出了"整体性原则"，即强调研究三音节结构时，不是单纯从三音节结构组成成分之间的关系出发（如辅重原则，区分核心与非核心），亦不单纯寻找音节的松紧与三音节结构关系松紧之间的匹配（如松紧匹配原则的），而是强调从句法和韵律入手，将三音节结构整体的句法性质与其音组模式相结合来研究韵律和句法的互动。下面以三音节状中结构中形容词做状语为例来说明"整体性原则"的解释力。

　　首先，崔文区分了形容词的语体层级，之后进入单双音节形容词做状语的具体研究，结合具体研究讨论形容词的句法层级。其中单音节形容词做状语时，主要有两种不同的句法性质，一类是句法词，一类是短语。前者如"深呼吸"，后者如"早考虑"。之所以说前者为句法词，后者为短语，主要基于以下语言事实：

（28）深呼吸

　　*深地呼吸

　　*很深呼吸

　　*深呼吸一口新鲜空气。

　　*深从户外呼吸一口新鲜空气。

（29）直嘀咕

　　*直地嘀咕

　　*很直嘀咕

　　他最近直嘀咕我。

　　他最近为这件事直嘀咕我。

　　对比这两组例子，可以发现其共同点与不同点。

　　共同点：无论是"深呼吸"，还是"直嘀咕"，中间都不能插入"地",且都不能受程度副词"很"修饰。

不同点："深呼吸"后不能带宾语，"深"与"呼吸"中间不能插入介词短语；而"直嘀咕"后可加宾语，"直"与"嘀咕"中间也可插入介词短语。

这些对比说明"深呼吸"和"直嘀咕"的句法性质是不同的，否则无法解释它们的句法差异。之后崔文按照能否带宾语做出的分析，说明"深呼吸"与"直嘀咕"句法性质不同，前者为短语，后者为词。并证明凡是三音节动词，无论其是复合词还是句法词，都不能再带宾语。

而双音节形容词做状语时则只有一种性质即短语。由此发现一个问题，即同样是修饰动词短语，句法性质都是短语，为什么"$A_单+V_双$"独立时合法，如"干瞪眼、活受罪、乱批评"，而"$A_双+V_单$"却不合法呢，如"＊细心思、＊深深感"。句法上无法解释这一对立，语义也无从下手。在这一背景下，其采用"附缀化"这一句法运作，成功解释了上述对立。

其原因是："$A_单+V_双$"中的$A_单$发生了"附缀化"运作，由此$A_单$贴附到$V_双$上形成了韵律句法词。而"$A_双+V_单$"中的$A_双$因没有韵律动机（"$A_单+V_双$"中的韵律动机为"单音不成步"），未发生"附缀化"运作，因此还是短语，成立很受限。由此则不但解释了"形容词+名词"组合中1+2、2+1的句法性质及合法性，也解释了1+2与2+1的对立，而附缀化运作本身也体现了韵律与句法的相互作用。

以上我们分别从不同年代出发，介绍了不同时期有关三音节语法属性的一些研究，总体来说，三音节语法属性的研究在20

世纪 90 年代发起，2000 年以后进入高潮，各种理论风潮迭起。关于其语法属性的研究，有的从结构本身的音节组配出发，如辅重原则；有的从音节松紧出发，如松紧匹配原则；有的从音步走向出发，如"左向造语、右向构词"；有的从结构和音节相结合的方式出发，如整体性原则；等等。那么 1+2 和 2+1 的音节组配方式是否真的揭示了三音节结构的语法属性，两者之间只是一种倾向性还是一种决定性，不同的理论有不同的解释。前人的研究为我们提供了很丰富的观察和理论解释，但也遗留了一些问题，如形名定中为何以 1+2 为主，2+1 动宾是否合法，等等，这就为三音节语法属性的研究开辟了新的领域。目前有关形名定中的研究，端木三先生及其学生采用量化的方式，进一步确认了汉语中是否确实是 1+2"形容词＋名词"结构占统治地位，尝试用数据来支撑之前的理论假设，这都是新的研究方法。限于篇幅的问题，我们这里不再详细地展开，感兴趣的同学和老师可以查阅借鉴，继续前行。

思考与练习

1. 尝试用辅重原则分析下面几个例子：

　　*种植树　　*帽商店　　研究鬼

2. 试比较辅重原则和深重原则哪个在汉语中解释力更强。

3. 调查汉语中 999、995 和 599 的三声变调规律，并阐释这里面蕴含的语言学问题。

4

三音节音步的句法
形态功能

　　前面几章，我们分别介绍了三音节音步的韵律特征和韵律构词形态，其中韵律特征方面重在介绍三音节音步韵律上的基本特点。韵律构词形态方面重在探讨三音节音步中韵律与句法的交互作用，即 1+2 和 2+1 两种音步方向是否会导致两种不同的语法属性，以及不同理论流派对这一现象的不同探讨。这一章我们则重点关注三音节音步的句法形态功能，这其实是对第三章内容的补充。第三章的韵律构词形态实则探讨的是韵律构词层面韵律与句法的交互作用，但是三音节音步所涉及的不仅仅只有构词层面，更有句法层面，而其在句法层面的表现，我们将其归纳为句法形态功能。这里我们使用"句法形态功能"的概念，是为了与构词形态功能区别。

　　那么什么是韵律的形态功能？三音节音步的韵律形态功能有哪些？有关这些问题的研究尚处于摸索阶段，鲜有人涉及。谈到韵律研究，大家并不陌生，从 20 世纪 90 年代发展到现在，已经蔚然成风。谈到形态研究，大家也不陌生，几乎所有关于语法的教科书中都会提到汉语缺乏典型的形态。但是谈到韵律的形态功能，这个恐怕是大家比较陌生的了。

　　汉语韵律形态的说法，最早由冯胜利（2009）提出。韵律形态其实就是超音段形态。我们知道，形态一般被分为音段形态和超音段形态。所谓的音段形态，主要是通过附加音段的方式来构成形态，如英语中表示复数的词缀 -s、表示现在进行时态的 -ing、

表示过去时态的 -ed 等。这在使用屈折构词法的语言中是很常用的一种手段。除了音段形态之外，还有很多语言会使用超音段形态，所谓的超音段形态就是指通过音长、音强和音高等手段来表示的形态。而音长、音高或音强在语言中就主要体现为长短元音、声调、重音或语调等。而语言中的这些长短元音、声调、重音、语调等多属于韵律，因此冯胜利（2009）特别提出了韵律形态这一概念。也就是说，他认为一般说汉语缺乏形态变化，指的是汉语缺乏典型的音段形态的变化。实际上对于汉语而言，除了长短元音之外，声调、重音和语调都起一定的作用，都和句法有一定的关联，因此汉语缺的只是音段形态，但其超音段形态是相当发达的。这里摘取冯胜利（2009）的相关说明：

> 什么是形态？以英语为例，act 加上 -tion 就变成 action，若变成 acting 则为动名词。形态就是利用语音的手段（如加缀、变形等）来改变句子中成分的语法性质，因为这些通过语音手段加到成分上的语音符号，就具有了形态的功能。长期以来，人们普遍认为汉语缺乏形态，但事实是否绝对如此，仍然值得深入研究。我们知道，现代汉语当然没有英文那样的形态语素，就是说汉语缺乏音段形态，如表第三人称单数的"-s"，动词变名词的"-tion"，形容词变副词的"-ly"，等等。……我们认为，韵律具有语言形态的功能。换言之，形态不仅可以通过音段形式来实现，也可以通过超音段形式来标记。

学界对汉语声调、词长的形态功能也早有关注，如周祖谟（1946）、刘丹青（1993、1996）、王洪君（2001）等。但关于重音的形态功能，由于长期以来存在关于汉语是否有重音以及汉语的词重音类型有哪些都尚无定论的现状，所以一定程度上阻碍了相关方面的深入研究。关于声调在汉语中的作用，主要是四声别义、四声别词性。有关声调的"四声别义"有不少文章，主要有关于四声别义的起源时间、四声别义与声调发展的关系等，我们这里主要介绍孙玉文（1993）的《上古汉语四声别义例证》。孙玉文（1993）举了很多例子来说明上古汉语已经存在四声别义，认为顾炎武、段玉裁、钱大昕各家从有限的几个字词义、词性与声调不相吻合的考证出发并进而否定整个上古有四声别义的做法是不可取的。而所谓四声别义就是由于语义的演变和词性的分化而引起的声调的变化，如"好"做形容词义为"美好"读上声，做动词义为"喜好"读去声。现代汉语中仍然也保留很多四声别义、别词性的例子，如"钉"，做名词"钉子"时读阴平，做动词时读去声。

关于重叠在汉语中的作用，刘丹青（1993、1996）提出节律对汉语语法的制约，遍及语法各个层面，但在构词法层面、形态层面和词类层面（主要表现在词类和词长的关系）等，还讨论得不够。因此其先后撰写了两篇论文，一篇讨论汉语形态的节律制约，一篇讨论词类和词长的节律制约，对现代汉语节律制约作用的研究有很大的贡献。刘丹青（1996）专门讨论了汉语中词类和词长的相关性，发现不同词类的典型词长有所不同。他认为词长差异不是简单的词汇现象，而是语音节律对汉语形态和句法功能的明显制约在词类上的表现。我们这里重点介绍刘丹青（1993）和石毓智（1996）的研究。

　　刘丹青（1993）主要讨论了重叠形态的节律制约和准形态的节律制约两部分。他特别提出重叠是汉语中最典型的形态手段，也是汉语最重要的形态手段。他主要从量词、动词和形容词的重叠入手讨论节律制约。而所谓的准形态主要包括两类：一类是"了、着、过"。一类是形容词的附加语缀，又分前加和后加。前者如"<u>通</u>红、<u>雪</u>白、<u>笔</u>直"，后者如"红<u>通通</u>、白<u>乎乎</u>、紧<u>巴</u><u>巴</u>"。结果显示单音节重叠时受节律影响小，节律主要制约双音节及以上音节的重叠。

　　石毓智（1996）也指出重叠是汉语的一种典型形态，其指出在具有形态变化的语言中，形态对音节数目也是很敏感的。如英语中比较级的两种表示方法，单音节形容词用形态法表示比较，双音节形容词用词汇手段表示比较。类似地，尽管汉语中的"星期、口袋"等双音节词不能通过重叠形态表示遍指，但是可以通过加"每"等词汇手段表达相同的意义。而采用形态手段还是词汇手段，是由基式的音节数目决定的。他同时也回答了汉语为什么采用重叠来表示形态，其认为一种语言采用什么样的语音形式表示形态，是由其语音系统决定的。比如印欧语言允许辅音<u>丛</u>存在，所以可以用单个辅音来表示某种语法意义。汉语没有辅音丛，独立出现的语音单位只能是音节，所以汉语的形态要么用整个音节来表示，要么用非音节要素来表示。而汉语用音节表示形态的情况又可细分为两类，一类是固定某个音节来表示某一语法意义，如"了"表示行为的实现；一类是用固定的音节结构来表示语法意义，这就是重叠形态。这里存在的问题是没有说清楚为什么汉语用整个音节来表示形态，而没有用非音节要素来表示。

但其论证汉语重叠是一种典型的形态手段，这无疑有着很深远的意义，对汉语形态研究有很大的促进作用。

这里特别值得一提的是刘丹青（1993）对汉语形态的理论思考，认为汉语的形态从所用的手段到表达的语法意义，都难以排除在形态现象之外，而且其中许多可以归入"严格意义"上的形态，但汉语的形态也确实跟语法学上讲的典型形态有较大的差别。即汉语的形态缺乏严格的类推性和强制性，也正因如此，汉语的形态常常成为节律需要的备用品或牺牲品。要凑足音节时，可以启用形态，减音节时又首先删除形态。因此其认为节律制约加上其他因素从根本上降低了形态在汉语语法中的地位，这就体现了语音节律在汉语形态中的重要性。之所以详细介绍刘丹青先生关于形态的这段思考，是因为我们从中可以看到汉语形态的特殊性，即其不是独立存在的，要受到节律的极大影响。而节律对形态的影响，其实就是冯胜利（2009）明确提出的汉语的韵律形态。从这个意义来讲，汉语韵律形态的提出比超音段形态的提出更符合汉语的事实，因为超音段形态是孤立地研究语言中的声调、重音等的形态作用；而汉语的韵律形态除了可以单独研究汉语中声调、重音、词长的作用之外，还可以解释刘丹青先生提到的重叠这种形态和词长这种形态及其关系，其范围比超音段形态要大，也更能揭示汉语形态的特点，因此韵律形态的提出有其深远的意义所在。

关于重音在汉语中的作用，主要是区别词性、区别语体。汉语区别词性，陆宗达、俞敏（1954）就已涉及，如他们指出动词重叠后是重轻式，而形容词重叠后则是轻重式。关于重音区别语体，冯胜利（1997）指出新闻播报"尼加拉瓜"，只能用"守株待兔"式重音，而不能使用"乱七八糟"式重音。崔四行（2012）从汉语普通话 ABAB 和 AABB 重叠式的重音模式入手，从句法制约功能和语体标记功能两个方面，论证重音是汉语的形态，从而证明了汉语韵律形态的存在。

　　以上是学界关于汉语超音段形态的研究，现在回到汉语韵律形态的提出者冯胜利先生的研究。冯胜利（2009）第一次系统研究了汉语韵律的形态功能与句法演变的历史分期，认为韵律本身具有形态的语法功能，而且韵律的这种形态功能在句法史上扮演着促发演变的重要角色。从而提出上古汉语曾经经历了从音段形态到超音段形态的历史演变，因此汉语史的分期可以以形态类型为标志，将其二分为东汉以前"音段形态类型"的综合型语言和东汉以后逐步形成的"超音段形态"为主的分析型语言两大类型。具体如何促发历史分期，如何制约构词和造语，大家可以详细参看冯胜利（2009），这里不再详细介绍。

　　了解了韵律形态的相关定义，接下来需要了解的是三音节音步的韵律形态功能。一般而言，谈起形态功能大多从两方面入手，一是构词，二是句法。关于三音节音步的构词形态，多数研究集中在三音节音步区分构词和短语的构词形态功能上，这部分内容在第三章中已经有详细介绍。而关于三音节音步的句法形态，目前来看，学界关注的主要有三音节动词能否带宾语、三音节动词能否重叠，以及特定句法结构中的三音节音步，如"动宾＋宾""动补＋宾"等。下面主要从这几个方面来展开，首先来看一下学界关注的三音节动词能否重叠的问题。

第一节 三音节动词能否重叠

我们首先来看一下三音节动词能否重叠，关于这一问题，王永娜（2008）、冯胜利（2009）都有所涉及。其中冯胜利（2009）在《汉语的韵律、词法与句法》（修订本）附录的第一部分"形态"中，专门谈到了动词重叠，主要指出了四点：单音节动词一般可以无条件重叠；双音节动词"左重"者容易重叠，如"改造改造、学习学习、讨论讨论"等；双音节动词"轻声"者最易重叠，如"咳嗽咳嗽、扒拉扒拉、白话白话"等；双音节动词"右重"者，不便重叠，如"*关爱关爱、*解气解气、*批发批发"。

王永娜（2008）研究韵律、语体对汉语表短时体的动词 VV 重叠的制约作用。她首先证明了重叠也是一种形态，并且是具有区别意义作用的超音段形态。在此基础上，她从韵律上分析动词词长会影响重叠的能力和重叠的形式：单音节动词和双音节动词可以重叠，重叠形式分别为 AA 和 ABAB，而三音节及以上的动词无法重叠。她认为原因有二。

首先，单音节构成的动词具有很强的动作性，双音节构成的动词可能兼类，但做动词时仍然有较强的动词性，而双音节或单音节动词添加一定数量的音节构成三音节单位以后，整个单位动作性大大减弱，倾向于名词化或状态化。她认为三音节动词的这种弱动作性使它们很难重叠。

与此同时她将三音节动词分为三类：第一类如"冷处理、粗加工、深呼吸、性骚扰、逆运算、大改革、总动员"，其主要句法功能是做定语，或做"进行"的宾语，用作谓语的情况很少。

第二类如"三班倒、一刀切、连轴转、连根拔"，其句法功能仍是做谓语，但不是动作性动词，而是具有状态动作词的特点。第三类如"规范化、简单化、格式化、边缘化、一体化"，动作性也很弱，无法带宾语，而对应的双音节"美化、绿化、丑化"则具有很强的动作性，其后可以带宾语。也正是因为三音节具有不同于单音节和双音节的构词特点才限制了重叠。

其次，她认为三音节动词重叠以后形成的单位为"六音节"，在长度上无法满足汉语韵律构词的要求，而且重叠所形成的单位无法遵循表短时体的动词重叠所必须具备的"重轻交替"的重音结构。她之所以认为表短时体的动词重叠必须具备"重轻交替"的重音结构，原因有二：第一，"失敬、祝贺、恭喜、拜托、欢迎、惭愧、打扰"等这类词，存在 ABAB 和 A·BA·B（"·"表示第 2、4 音节轻声）两种格式，但所表达的语法意义是不同的。前者表强调，如"听说你升职了，祝贺祝贺"；后者表"短时体"，如"听说你升职了，我们来祝·贺祝·贺"。二者的区分依靠的就是是否具有"重轻交替"的重音结构，而是否具有重轻交替的重音结构决定了是表"短时"还是表"强调"，由此可以断定其重音特征就是表"短时体"的一种外在形态，只不过这种形态是通过超音段的方式实现的。第二，双音节表性质的形容词不能按照 ABAB 格式进行重叠，但少数可重叠为 A·BA·B 式，并且一旦按此格式重叠，语义上便具有了动作性、使役性特征，表达的语法意义与动词重叠的语法意义相同。如"小王的房间总是很干净，今天我也要干·净干·净""我们先把桌子整·齐整·齐""洗完了头发，擦点护发素柔软柔软头发"。是否具有重轻交替的重音结构决定了形容词 ABAB 音节形式的合法与非法，并确定了合法形式的语法意义，这更证明了其重音结构的形态意义。

简单地说，王永娜（2008）认为三音节动词具有弱动词性，重叠后的音节长度超出了汉语韵律构词的要求，且无法遵循"重轻交替"的重音结构，因而不能重叠。关于前者，三音节动词的弱动词性导致其无法重叠的解释还有值得商榷的地方。汉语普通话中的动词重叠表达的语法意义除了短时尝试体之外，还表示量的增加，如 AABB 的"缝缝补补、抄抄写写、凑凑合合"等。此时动词的动作意义虽然削弱了，然而其状态意义却得到了增强，在句中主要做定语，很少做谓语。即使做谓语，也丧失了带宾语的能力，但此时也仍然可以重叠，只是不是典型的动词重叠了。我们可以观察如下两组例子：

（1）她的父亲叫惠征，是一个吏部的小职员，做的是起草文稿和抄抄写写的工作，地位不是很高。（北大语料库）

（2）例如文秘工作人员，已不再是抄抄写写，而要求懂外语、计算机和现代化设备的操作。（北大语料库）

由上可知，动词是否能够重叠，主要的还不在动词的动作性是否够强，而在于量是否发生了变化，而这个量既可以是时量，也可以是动量，还可以是程度量。那么回到三音节动词为何不能重叠的问题，恐怕从量的角度很难做出理论预测。我们认为关键在于重叠是一种形态，而这种形态有其固定的重音模式，这也是重叠与重复的重要区别，如王永娜（2008）中指出的两个"祝贺祝贺"，表强调时，实则只是重复而非重叠。但是仅仅解释到这里只是区分了重叠和重复，对于三音节动词为何不能重叠还未能触及根本。下面我们尝试从重音结构推导来解决这一问题。首先，如果三音节动词可以重叠，以"深呼吸"为例，则重叠后为"深呼吸深呼吸"。接着我们分析其音步结构，此时有两种分析：第一，重叠后音步的重新组合；第二，保持超音步的分析。

先来看第一种分析：重叠后音步的重新组合。下面以"深呼吸"为例，我们首先需要确认的是"深呼吸"内部的轻重关系。根据我们对《现代汉语词典》（第5版）中所有三音节词条重音模式的调查结果，无论是1+2还是2+1，三音节词的重音模式主要有两种，一种是重轻中，一种是中轻重。而这两种重音模式都可以统一表示为s w s（s表示strong，w表示weak），因为节律音系学中只区分轻和重，对于中和重是没有区分的。由此我们判定"深呼吸"的重音模式为s w s，然后假定"深呼吸"可以重叠，并且重叠后音步发生重新组合，则如下所示。

（3）深呼吸深呼吸

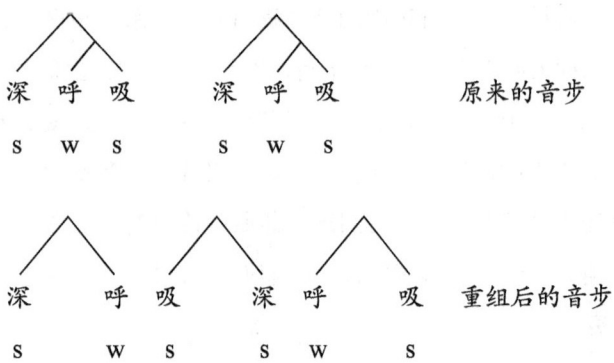

这一分析打破了超音步，实现音步重新组合，并最终实现为三个音步。显然这样的分析不仅打乱了常规词内部的结构，而且第二个音步出现了两个强重音，违反了相对轻重原则。因此，我们认为按照这种音系分析，三音节动词难以重叠。

第二种分析是保持超音步，而不发生音步的重新组合。我们仍以"深呼吸"为例加以说明。

（4）深呼吸深呼吸

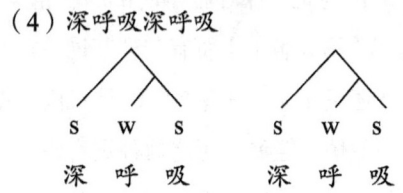

此时第一个超音步的最后一个音节是强重音，第二个音步的第一个音节仍然是强重音，这时就出现了节律音系学上的"重音碰撞"（stress crash）。而一旦重音碰撞，就会出现重音转移，而一旦重音转移，超音步内部又将出现两个弱重音，这就违反了相对轻重原则。因此这种分析也难以实现三音节动词的重叠。

如果以上分析正确的话，我们就从音系的角度解释了三音节动词为何不能重叠。至于是否还有语义和语法上的要求，以及其他语言中是否可以出现三音节动词的重叠，这就需要进行更多更深入的研究。比如韩语中就会出现三音节重叠，也即重叠后变成六音节。我们猜测这可能跟韩语的韵律有很大关系，感兴趣的同学可以继续关注，我们期待可以在以后推进这方面的研究。

第二节　特定句法结构中的三音节音步及其句法形态

有关三音节音步的句法形态，目前的讨论多集中在几个句法结构中，如"动宾＋宾""X化＋宾""'A+V'＋宾""动补＋宾"等。从上面的讨论可知，三音节音步的句法形态其实还是其构词形态的句法扩展，是构词扩大到更大的句法结构中的结果。那么其他的句法结构中是否也体现了三音节音步的句法形态呢？应该说也有，但是目前的研究尚未过多涉及，这里面还有很多现象值得挖掘。之所以上面几个结构研究较为充分，这跟韵律句法的核心重音有很大的关系。韵律研究目前来说，主要分两大块，一块是韵律构词学，一块是韵律句法学。前者的研究多集中在音步、韵律词及词语分界等问题上，是"大小"或"长短"的问题；后者的研究集中体现在对核心重音的相关研究上，是"核心重音"或"轻重结构"的问题。而能够直接体现核心重音作用的就是句子最后一个动词及其补述语的部分，因此目前开拓性的研究多集中在以上几个结构。成果集中在这几个结构，但并非局限于这几个结构。近年来，随着句法制图理论的兴起，汉语围绕VP建立的要严格区分"基础结构"和"附加结构"核心重音的观点，已无法解释TP（时态短语）和CP（标句成分）层的重音问题。冯胜利（2017）重新构建了韵律－语法层级，将其分为三层：最上一层为"句标韵律"（CP-Prosody），如疑问词移位、语调、句尾语气词等。第二层为"时标韵律"（TP-Prosody），如附加语、焦点韵律、状语移位等。第三层为"核心韵律"（VP-Prosody），是核心重音范域。"句标韵律"和"时标韵律"及其与"核心韵律"

的相互作用都将是汉语韵律研究继续发展的新起点。与三音节音步直接相关的"时标韵律"层的研究目前尚在起步阶段，亟待解决的问题是当句子有"附加结构"时句重音如何指派？此时核心重音是否依然起作用？这些都是三音节音步的前沿研究，也是我们努力的方向。

一、"三音节动词 + 宾"结构

关于三音节动词能否带宾语的问题，崔四行（2012）中有所涉及，崔文提到汉语中A+V结构的句法词，如"冷处理/粗加工"，此时后面不能带宾语，因此"*冷处理记者的提问、*粗加工这些树木"都是非法的。只有短语的A+V结构才能带宾语，如"准答应他了、乱批评人"。

那么是不是所有的三音节动词都不能带宾语呢，针对此现象我们对《现代汉语词典》（第5版）中所有的三音节动词进行了研究，结果表明：三音节动词中除了带有中缀"得、不"的动词及一些带"不"（"不"不是中缀）的动词可以带宾语以外，其他的都不能带宾语。其中带中缀的动词，如"吃不住、吃得住、吃得来、吃得消"等，例子如下：

（5）还担心他年已过半百是否能吃得消民族地区的工作。

吃得来清粥小菜当早餐吗？

你若吃不住别人，别人就会来吃你。

带"不"（"不"不是中缀）的动词如：

（6）不失为一种好方法。

只要将角色演好，我从不在乎自己。

我国大中城市居民的家电普及水平已经不下于发达国家了。

从上面的事实可知，汉语中的三音节动词确实不能带宾语，那么三音节动词为什么不能带宾语呢？关于这个问题冯胜利先生有过解释，先是在冯胜利（2005）提出了"最小词条件"：

只有当句法运作所造成的句法词是最小词的时候，它才可以作为重音指派中的最小成分。

之后冯胜利（2011）又在"最小词条件"的基础上进一步提出"词体条件"〔词的大小（或体段）的条件〕：

核心重音的接受者不必是最小词，但核心重音的指派者必须是最小词。

根据这一条件，核心重音的指派都必须遵守核心重音指派者的最大极限条件，即必须等于或小于"最小词"，否则将无法指派重音。由此可知"词体条件"比"最小词条件"更具体更有限定性，"最小词条件"只是说明最小词才可以作为重音指派的最小成分，而"词体条件"则说明核心重音的指派者必须是最小词。冯胜利（2011）认为"词体条件"就意味着，词体大于两个音节（最小词）的动词，无论是单纯词、派生词、复合词，还是句法词，均无法携带外加宾语。也正因如此，我们就可以系统排除语言中的"*收徒弟少林寺、*负责任护理工作、*关严实窗户""*简单化手续"等非法格式，由此将核心重音与"词体条件"结合可以充分解释汉语三音节动词不能带宾语的问题。有关

"*收徒弟少林寺、*简单化手续"等非法形式，下面我们将具体谈到。

二、"动宾 + 宾"结构

这一结构之所以体现三音节音步的句法形态，是从反面体现的，即三音节的"动宾"后面带宾语时则不合法。冯胜利（2005、2011）专门讨论了书面语中的"动宾 + 名词"现象。

（7）过境美国　　　　　撤军波黑

待命城外　　　　　讲学中南海

国足热身津门　　　米卢执鞭中国队

冯文认为上面的形式可分析如下：

（8）过境美国：从美国过境

撤军波黑：从波黑撤军

待命城外：在城外待命

讲学中南海：在中南海讲学

国足热身津门：国足在津门热身

米卢执鞭中国队：米卢在中国队执鞭

冯文关心的是这个结构中，动词的宾语为何不能是两个音节，如"*收徒弟山神庙/收徒山神庙""*讲学术中南海/讲学中南海"的对立。他认为这显然不是句法的问题，而是韵律的问题。如果是韵律的问题，又是什么类型的韵律问题呢？音节多少可以是轻重的问题，也可以是韵律单位的大小问题。冯文认为显然这里不是轻重的问题，因为"收徒"和"收徒弟"均属右重而不可能是左重，放在上面的结构中，没有理由说其中之一跟"山神庙"有轻重不合的矛盾而被删除。那么如果不是重音的问题，那就只能是大小的问题，是提升并入的 VO 形式不能过大、过长的问题。那么为什么提升运作会牵涉大小问题呢？冯胜利（2005）认为这源自韵律构词学系统中推演出来的"最小词"的作用。也就是说，这里的 VO 必须是一个最小词。而如果 VO 必须是一个最小词，那么其中的宾语和动词就都不可能由两个音节组成，这就是为什么宾语不能是双音节的本质所在。

　　那么为什么 VO 一定要是个最小词呢？冯文认为这不仅仅是句法运作的要求，更重要的是韵律词系统的限定。就句法而言，最小词可以确保这里的句法并入，因为它可以让宾语永远是 N，从而可以使 V′ 变成 VO，最后才能提升并入到上面的 V。其句法运作如下：

（9）

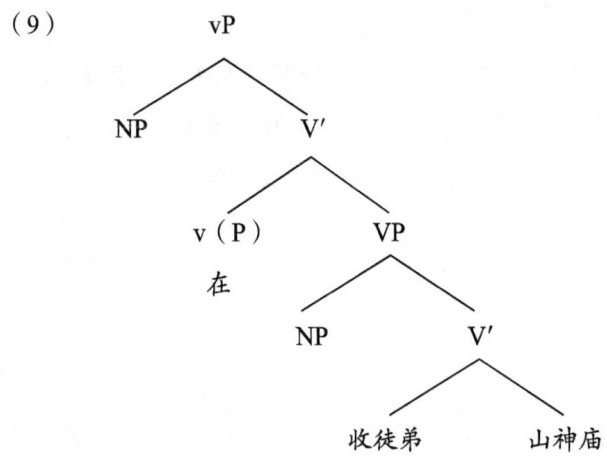

冯文同时指出单就句法而言并不一定要求 VO 是最小词，

因为宾语只要是 N，句法就可以使之并入动词。之所以句法上"*收徒弟山神庙"非法，他认为是韵律的作用。

也即，只有最小词才有可能"成词"。如果"收徒弟"不是最小词因此不能成词而成为短语的话，那么该结构中的主管者就是动词"收"，而受管者就是"徒弟"，这样一来，核心重音只能指派给"徒弟"而不给"山神庙"，"山神庙"得不到重音，因此不合法。由此推导出上文提到的"最小词条件"。

冯胜利（2011）进一步对"收徒弟山神庙"现象进行了研究。在具体解释这一现象之前，文章首先分析了句法学上的一个不解之谜，譬如：

（10）a.*张三每天打电话三次。

b.*张三每天打电话两个钟头。

c.*张三吃饭得很快。

d.*张三贴画在墙上。

黄正德（1984）曾用"短语结构限定条件"解释上述问题，即：在任一给定的中文句子里，动词短语的核心词只能向左分枝一次，而且只在扩展的最低层。具体图示如下：

（11）a.

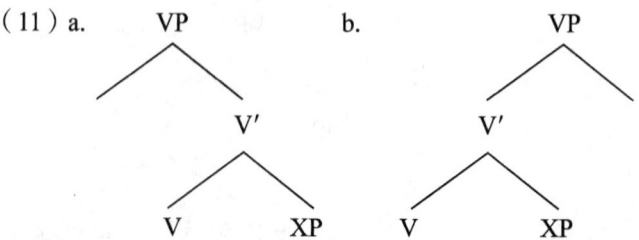

这样通过汉语短语结构的限定条件可以说明"*张三每天打

电话三次"之所以非法，因为"打"后带有两个成分（"电话"和"三次"）。但是用这一条件很难解释汉语为什么会有如此奇怪的句法组织。另一方面，这种特设的"短语结构限定条件"并不能贯彻到底，因为其不能解释下面的例子：

（12）今天我看见他三次。

　　　　去年我学了它三个月，还没学会。

基于以上问题，冯胜利（2011）认为最终制约上述现象的根本原因在核心重音，所谓核心重音是韵律句法学的精髓所在。英文叫 nuclear stress，是语句"广域"焦点（或宽焦）下的"自然重音"（不受任何狭域焦点影响的重音格式），亦即回答 what happened（怎么回事儿）一类句子的重音格式。一个句子只有一个核心重音，而这个核心重音是要通过句法结构来实现的。那么句法上实现核心重音的机制是什么呢？冯先生经过反复的研究与试验，提出了以下运作程序：

> 给出两个姊妹节点，亦即共享同一个高节点的并列成分 C1 和 C2，如果 C1 和 C2 其中一个核心词是动词，另一个是动词选择的对象（亦即补述语，包括宾语、补语、介宾等），那么，这个核心词（动词）和它后面的成分就组成一个"长短／轻重"的韵律单位。

根据深重原则，动词后的被选择成分比较凸显（因为宾语深，故较重）。不仅如此，中文宽焦的实现方法为"支配性－核心重音"，亦即：C2 一定要被 C1 直接支配（即 C2 是 C1 的姊妹节点）。如下图所示：

（13）a.

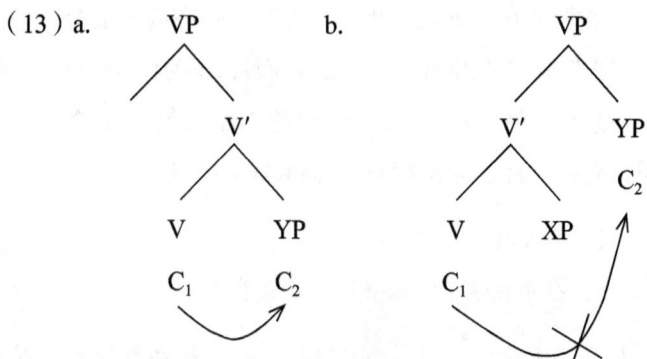

　　其中 b 之所以不能成立是因为 C1 不能直接支配 C2（中间被
XP 挡着）。显然这种解释方式和黄正德先生提出的"短语结构限
定条件"有异曲同工之妙：动词后只允许有一个合法成分。但这
种解释更有优越性的地方在于否定了"动词后不能有两个成分"
的笼统说法，因为如果其中一个成分不带重音，那么动词后有两
个成分是允许的，如（12）中的例子。

　　前文曾提到，冯胜利（2005）主要利用"最小词原则"及
"左向为语，右向构词"原则，认为"收徒"是最小词，因此
可以成词（句法词或合成词）。如果"收徒"是词，自然可以带
宾语。而"收徒弟"则是"左向造语"，如果"收徒弟"是一个
短语，那么核心重音的规则就会通过"收"把重音指派给"徒
弟"，这样一来"少林寺"就得不到重音，所以"*收徒弟少林
寺"非法。

　　然而核心重音在这里也有解释不了的问题，继续回到"收徒
弟山神庙"。冯胜利（2011）指出：核心重音无法告诉我们为什
么"收＋徒＋少林寺"中的"收"后面不是两个成分（"徒＋少
林寺"），也无法告诉我们为什么"徒"可以和"收"合并成一个

独立的成分（所以"收徒"可以再带宾语"少林寺"），而"收徒弟"就不能是一个独立成分（所以"收徒弟"是短语，不能再带宾语）。

冯胜利（2011）进一步提出质疑：能否按照周韧（2010），不用核心重音，只通过"最小词"和"左向造语"等规则就解决这里的问题呢？因为周文并未详细讨论这一结构，所以冯文根据周韧（2010）等的解决办法，推及"收徒弟山神庙"结构的困难。这里转述冯文如下：

> "收徒"是最小韵律词，所以可以根据周韧（2001）、冯胜利（2005）提出的句法并入运作（incorporation）将"徒"并入"收"，组成一个句法词，然后移入空动词 V 的位置，生成"收徒山神庙"的句子。然而，这种运作无法生成"收徒弟山神庙"，因为"收徒弟"不是最小词；根据"左向造语"的要求它只能是动宾短语。如果是短语，那么"徒弟"就不能上移到"收"和它组成一个句法词。"收徒弟"是短语，因此不能发生核心词移位到 V 的位置，自然也就无法生成"收徒弟山神庙"的句子了。可见，一个"左向为语"（亦即不用"核心重音"）似乎就可以解决上面韵律句法的问题。

冯文认为这样处理表面上简化了运作的程序，本质上却掩藏着致命的问题。第一，仅凭韵律构词规则（韵律词、最小词、右向构词、左向为语等）无法解决汉语的韵律句法上诸如"动词后不能有两个参重成分""动词后不能有独立的介宾结构"等韵律句法核心问题。第二，抛弃核心重音则必然以左向为语或三音节字串不能成词为条件。然而，这条规则不能无条件地成立，很简单，"铁公鸡、纸老虎"等都是左向音步的三字串，但它们无可非议地都是词，不是短语。因此把"左向三音节字串为短语"无条件地加以推演和利用，是无法立足的。第三，抽去核心重音，韵律句法的现象便成了无本之木。前面说过，左向三字串有词有语，但是"动词＋补述语"一类左向三字串，没有例外的都是短语。这正是核心重音作用的结果。所以，一方面把"左向为语"作为前提，另一方面又把核心重音排除出去，不啻截源取水，终置"左向为语"于死地而无济于事。第四是操作程序的问题。如上所示，不用"核心重音"的结果就是得让"收徒弟"不上移；不让"收徒弟"上移的办法就是得让"收徒弟"成为短语，因为短语才不能参与核心词的移位运作。然而周韧（2010）发现的"＊我们要简单化运作程序"一类"＊AA–化"的韵律非法现象则直接证明上述操作无法进行。也即无法解释为什么"简单化"不是短语但也无法上移。

（14）

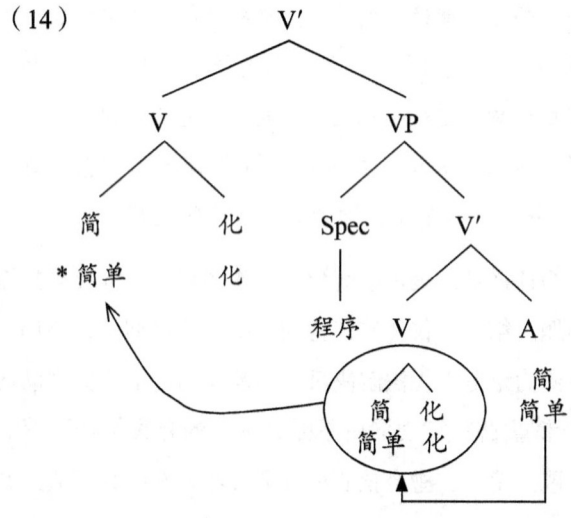

毫无疑问，"简化"与"简单化"的对立和"收徒"与"收徒弟"的对立，"同类而不同质"。说它们同类是因为两个音节的"收徒"和"简化"都可以带外宾语，三个音节的"收徒弟"和"简单化"都不可以带外宾语，此其同；不同的是"收徒弟"为短语，而"简单化"则是词。既然如此，那么"简单化"就不能被当作短语而取消上移的资格。如果说"简单化"在句法上是词，但在韵律上是韵律短语，所以韵律和句法的不对称性导致"简单化"不能上移的话，那么又回到上面第三点没有"核心重音"便无法解释三音节"核心词＋补述语"为什么一定是短语的悖论上去了。可见，抽掉核心重音的作用，"简单化"和"简化"将一样上移，结果"＊简单化程序"无法在周韧（2010）的体系里被删除。显然"简单化"这一类韵律句法现象否定了周韧（2010）将其视为短语而无法上移的做法。

在上述研究的基础上，冯胜利（2011）提出了"词体条件"，即：

> 核心重音的接受者不必是最小词，但核心重音的指派者必须是最小词。

根据这一条件，核心重音的指派都必须遵守核心重音指派者的最大极限条件，亦即：必须等于或小于"最小词"，否则无法指派重音。这就意味着，词体大于两个音节（最小词）的动词，无论是单纯词、派生词、复合词，还是句法词，均无法携带外加宾语，由此则系统地排除了"＊收徒弟山神庙"等现象的产生。

三、"X 化 + 宾"结构

以上顺带涉及了"X 化 + 宾"结构的相关研究,这里做专门介绍。应该说这一结构研究的集大成者是周韧(2010),他提出了这一结构存在的韵律句法问题。他指出"化"可以附加在名词、形容词和动词后,形成一个新的动词或形容词,如"简化、丑化、绿化、强化、激化、优化、恶化、僵化、女性化、理想化、戏剧化、机械化、语法化、电气化、工业化"等。而某些"单音节词 + 化"格式是可以直接带宾语的,比如说:

(15)简化复杂问题   丑化领导形象   激化矛盾
    深化改革开放   细化工作职责

但如果将格式中的单音节词变成句法语义基本等值的双音节词后,这种"双音节词 + 化"的格式就不能直接带宾语了,如:

(16)*简单化复杂问题 *丑恶化领导形象 *激烈化矛盾
    *深入化改革开放 *细致化工作职责

然后,他根据 Hale 和 Keyser(1993、1999)的研究,认为形容词要改变自己的词性,可以合并到动词节点下,完成自己词性的改变,最后再移到上层动词位置,如下所示:

（17）a.

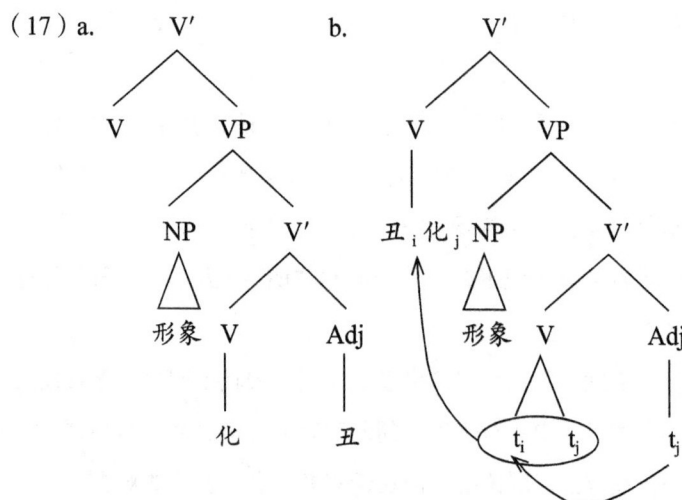

（17a）是推导前结构，在底层动词短语 VP 中，"形象"和谓词构成了一种简单的主谓关系。在推导过程中，首先，形容词"丑"要并入动词节点，而此动词节点还有词缀"化"，然后形成的复合词"丑化"再向上移到轻动词节点。如（17b）所示，这也是 V–v 的中心词移动。

　　而之所以三音节的"X 化"不能带宾语，他认为冯胜利（2002）借助"重音"的解释虽然可以暂时解决一些问题，但是也会引起一些不必要的麻烦。因为如果说"动词后不能出现两个得不到重音的成分"，其后果就是要求动词后面不能有两个非弱读成分，因为动词只能指派一个核心重音。其提出的反例是双宾句式（如"张三送了老李几本国外杂志"），和一些名词谓语句（如"今天星期三"），前者有不止一个动词，而后者根本就没有动词。第二，句法推导运作完成后才开始韵律运作，是一种不经济的做法，这样会否定已经完成句法运作的结构，而要求句法重新操作。第三，这样的分析不太好处理"X 化"结构带宾语的问题，如果说是动词分配重音，那么在"X 化"结构中，"X"大多数并不是动词，如"丑、丑恶"只是形容词。"X 化"整体才是动词，如果按照冯胜利（2002）的分析，并没有什么可以阻挡"X 化"结构给宾语"形象"指派重音。因此，用动词分配重音的理论似乎并不能很好地说明"* 丑恶化形象"为什么不成立。

由此，他认为与其借助在汉语中表现不明显的重音概念，不如借助汉语中相对表现明朗的韵律节奏概念来说明问题。归根结底，造成上述现象的原因在于双音节和三音节的对立关系，在于韵律单位和句法单位的不对称性。因为"丑恶化"在句法层面上是属于词的成分（至少可以看成是一种句法复合词），但它们在韵律层面上却是韵律短语的身份，这时候语言使用者可以根据"韵律单位 – 句法单位"的对应关系，将"丑恶化"判断为一个句法上的短语，既然是短语的身份，当然不能再作为 V–v 的中心词移位了。因此也就造成了"* 丑恶化形象"的非法。

有一点需要指出的是，周文没有系统提出韵律词与韵律短语的判断标准。如他认为"丑恶化"在句法层面上是属于词（至少可以看成是一种句法复合词），但它们在韵律层面上却是韵律短语的身份。这时候语言使用者可以根据"韵律单位 – 句法单位"的对应关系，将"丑恶化"判断为一个句法上的短语，既然是短语的身份，当然不能再作为 V–v 的中心词移位了。但是，周的这种处理显然混淆了"韵律短语"和"句法短语"的本质区别，前者是韵律操作的范围，后者是句法操作的范围。韵律短语不能保证句法运作。更重要的是，2+1 是构词韵律，同时是 trochaic（左重）格，怎么能是韵律短语呢？显然，把"丑恶化"当作韵律短语，缺乏有力的韵律理论支持，因此也就不能很好地解释"* 丑恶化形象"的非法。

而周文提到的几个问题，如双宾句式和名词谓语句不止一个动词，或者根本就没有动词的现象，意在说明此时汉语的核心重音无法指派，因为核心重音是以句末最后一个动词为核心指派的。这都是理论初期核心重音理论面临的挑战。针对这些问题，冯胜利（2016）中有所说明，大家可参阅。

四、"动补＋宾"结构

对"动补＋宾"结构的韵律制约现象关注较早的是董秀芳（1998），其文主要讨论了黏合式述补结构带宾语的现象。她发现出现在这种句子中的黏合式述补结构一般都是两音节的，超过两音节的就很难进入这种带宾句式。很多情况下，如果把双音节的述补结构替换成意义相似的三音节述补结构，原本合法的句子就变得不合法了。例如：

（18）他打碎了玻璃杯。　　　＊他打粉碎了玻璃杯。

　　　他熬红了眼。　　　　　＊他熬通红了眼。

　　　他哭哑了嗓子。　　　　＊他哭嘶哑了嗓子。

而对于上述现象，单纯从句法上或从语义上分析，都是找不到答案的。那么为什么带宾语的述补结构对两音节如此偏爱呢？董文分析如下：

（19）

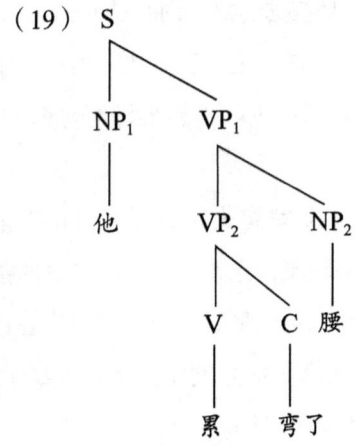

上图中，V代表述语，C代表补语。C和V构成一对直接成分。根据重音指派规则。V就会首先把重音指派给C，这样NP$_2$就得不到重音。宾语往往代表的是新信息，一般情况下不能轻读，而得不到重音又不能轻读的成分是不能在句末存留的，因此宾语NP$_2$只能被规则删除。要想使述补结构带上宾语，即保留NP$_2$，就要设法取消C的获得重音的资格。由于C也是非弱读成分，要做到这一点，唯一的途径就是使V和C整合成为一个成分，充当重音的指派者，为宾语指派重音。这样汉语的韵律规则就要求并决定了述补结构必须作为一个成分存在。而要达到这一要求，就需要有一个句法操作，这种操作就是在韵律要求下促成的贴附式移位（clitic movement）。贴附式移位使得述语移向补语，合并在补语的结点之下，这样述补结构就由底层的 V–R 组成的 V′ 变成了表层的 V。这个表层的述补结构为一个"复杂动词"，移位过程可简略图示如下：

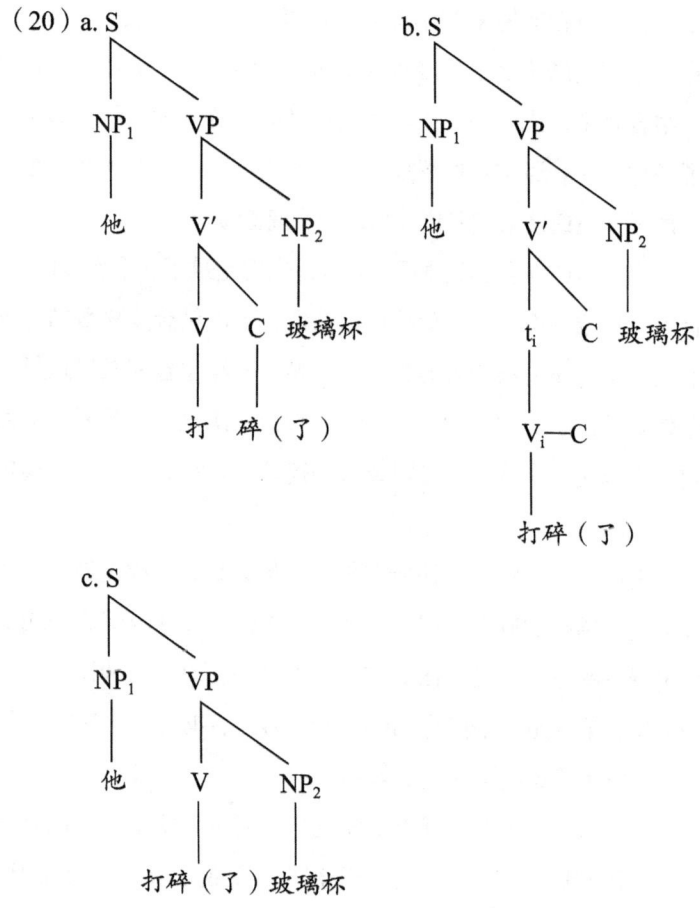

　　其中（20a）为底层结构；（20b）显示了贴附式移位的过程，
t（trace）代表述语移位后留下的语迹，下角的 i 表示 t 与 V 同标
（coindex），即所指相同；（20c）为移位后形成的表层结构。这种
贴附式移位有语音上的条件限制——只有当V和C都是单音节时，
V 向 C 的贴附才能顺利实现，也就是说 V 与 C 必须构成一个韵
律词。因为在汉语中单音节不能构成一个音步，在韵律上是不自

足的。当单音节的 V 和单音节的 C 邻近时，就构成一个音步，又在一个短语结构之中，因而自然而然地组成一个韵律词，在语音上结合紧密，成为一个在韵律上自足的单位，为贴附式移位创造了条件。在普通重音指派规则的驱动之下，二者的联系就会进一步加强，完成贴附式移位而形成一个复杂动词。

当 V 和 C 的结合超过两音节时，也就超过了一个音步的长度，就不能构成一个标准的韵律词，在语音上的结合是松散的，不能形成一个韵律上结合紧凑的单位，贴附式移位也就难以进行。当贴附式移位不能进行时，句法结构就无法满足韵律的要求，因而句子不合法，这就是超过两音节的述补结构很难出现在带宾句式中的原因。

由此，我们知道述补带宾句式为什么具有一种极强的选择双音节述补结构的倾向。但是同样不可否认，在述补带宾句式中也会出现一些三音节甚至四音节的述补结构。对于这种情况又如何解释呢？有关这个问题，董秀芳（1998）、冯胜利（2005）及邓丹（2006）等做出了相应的解释。

董文认为三音节的述补结构出现在带宾句式中，按理应该被我们的规则删除。但事实上例子很少，就说明其不是标准形式。因此可以认为其出现是有特殊原因的，是在其他一些规则的作用下形成的。她找到的三音节的例子根据音节的组合又可分为两种类型：2+1 型和 1+2 型。2+1 型的例子如：

（21）他为我们安排好了住处。

他克制住了自己的情绪。

我感受到了集体的温暖。

他想办法摆脱掉了那个醉鬼的纠缠。

他整理完了所有的稿件。

他打发走了客人。

科学家研制出了一种新型材料。

他谈论起了过去的事情。

工人们埋怨开了公司经理。

他已经享受上了高级轿车。

我讨厌死他了。

这下高兴坏了他了。

我腻烦透了他的唠叨。

她认为上述例子中的补语都具有一个共同的特点：词汇意义的虚化。薛红（1985）也注意到了这种现象，她认为：后项成分逐渐向虚词靠拢，它所表示的语法意义依赖前项成分而成立。它不以独立的词的身份与前项平行组合，互相对待，而是黏附于前项。董秀芳进一步认为这些补语中很多已经接近动态助词了。比如"好"所表示的语法意义是完成，可组成"收拾好、整理好、计算好、筹划好、商量好"等。另外像"住、到、掉、完、走、出"等虽然各自有细微的语义差别，但共同的语法意义都在于帮助表示完成态等。而且这些补语不少已经轻音化了，在语音上贴附于前面的述语。

事实上，董秀芳发现 1+2 型的带宾述补结构为数很少，能够出现在这一类型中的补语主要包括两种情况。一种是双音趋向动词，如"进来、过来、出来、起来"。看下面的例子：

（22）他推进来一辆童车。

他搬过来一把椅子。

他从书包里拿出来一本书。

他想起来一件事。

这种双音趋向动词也是在不同程度上虚化了，而且全部轻读，与 2+1 型中的补语属于一类。另一种是双音形容词。董文通过考察胡明扬《北京话初探》中所列举的北京话常用的 400 个形容词，发现能进入 1+2 型述补结构的双音形容词只有很少的几个，如"清楚、明白、干净"等，例子如下：

（23）他看清楚了黑板上的字。

他弄明白了事情的真相。

他擦干净了玻璃窗。

这几个双音形容词的共同特点是：使用频率高，第二个音节轻化。这两点是相关的，由于使用频率高，人们经常说，在发音时就可能比较轻、比较快，整体音长缩短，不能构成一个十足的音步了，这样它就与前面的动词结合得比较紧，这可能就是这些形容词可以突破规则成为例外的原因。还有一个可能的原因是，有时表意的需要可能会压倒韵律的需要，在口语中脱口而出的话，可能在韵律上组织得不一定很好，正像口语中会出现一些和普通话语法常规不同的句子一样，如吕叔湘先生举到的"他一连把两个球都发出了界"。

冯胜利（2002）也谈到了动补结构的相关研究，主要利用的也是最小词与句法移位的交互作用，分析了以下几组例子对立的情况：

（24）* 关严实了窗户　　* 哭嘶哑了嗓子　　* 累弯曲了腰

　　　* 摆整齐了桌子　　* 喝晕乎了酒　　　* 想全面了问题

　　　* 打牢固了基础　　* 写通顺了文章

　　　关严了窗户　　　哭哑了嗓子　　　累弯了腰

　　　摆齐了桌子　　　喝晕了酒　　　　想全了问题

　　　打牢了基础　　　写通了文章

他认为双音节动补之所以合法，是因为它是移位而来的"句法词"，因此同样要遵循最小词的条件：只有当句法运作所造成的句法词是最小词时，它才可以作为重音指派的最小成分。

除此之外，邓丹（2006）通过句子合法性评判实验和声学测量实验，考察了三类不同的动补带宾句的句子合法性程度与其补语时长间的关系。这三类不同的动补结构主要以董秀芳（1998）的研究结果为基础设计，包括：

1. 双音节动补结构带宾语"VR+NP"（VR 表示：单音节动词 + 单音节补语）。

2. 三音节动补结构带宾语，其中补语为带轻声音节的双音节形容词"VRr+NP"（VRr 表示：单音节动词 + 后音节为轻声的双音节词）。

3. 三音节动补结构带宾语，其中补语为带正常重音的双音节词"VRR+NP"（VRR 表示：单音节动词 + 带正常重音的双音节词）。

结果表明，汉语的韵律对句法存在明显的制约作用，在各类动补带宾句中，句子的合法性程度不仅要受到补语的音节数量的制约，还要受到补语时长的制约。双音节动补型的时长最短，其合法性程度最高；不含轻声的三音节动补型的时长最长，其合法性程度最低；含有轻声的三音节动补型，由于轻声音节在时长表现上比带正常重音的音节短，其合法性程度介于不含轻声的三音节动补型与双音节动补型之间。实验结果中的例外现象进一步说明，动补带宾句的合法性程度和补语时长间的关系更为密切，补语的时长如果达到或超过两个非轻声音节的长度，整个句子的合法性程度会降低；补语的时长如果小于两个非轻声音节的长度，整个句子的合法性就会增加。

除此之外，周韧（2010）也对这一结构进行了研究，认为"关严实窗户"之类的三音节动补带宾句之所以非法，缘于韵律单位与句法单位的不对称。他认为"关严实"在句法层面上是属于词（至少可以看成是一种句法复合词），但它们在韵律层面上却是韵律短语的身份。这时候语言使用者可以根据"韵律单位－句法单位"的对应关系，将"关严实"判断为一个句法上的短语，既然是短语的身份，当然不能再作为 V–v 的中心词移位了。也因为如此"*关严实窗户"就不能成立。为更好地理解这一问题，有必要介绍周韧文中对动补结构的句法生成过程的分析。

周韧（2010）根据 Huang（1988）和 Sybesma（1999）的研究，将动补结构分析如下：

（25）

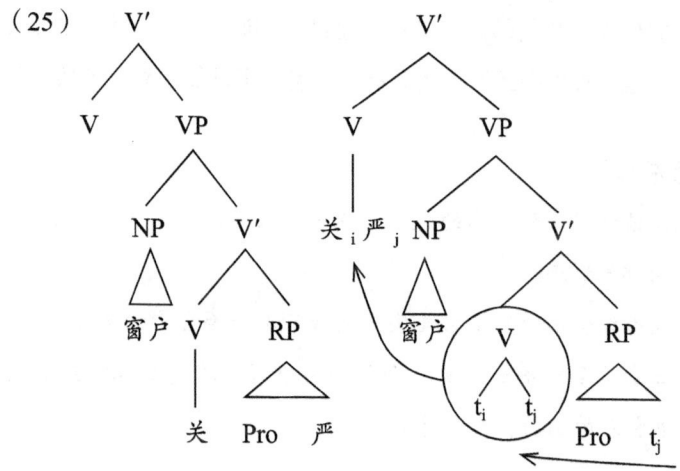

即在动词 V 的补足语位置，有一个表述结果状态的短语 RP，在这个短语里面，有一种简单的主谓关系，由一个空语类 Pro 充当主语，由述补结构中的 R 充当谓词。

这样解释的关键在于"句法单位－韵律单位"的换算，需要重新界定句法单位和韵律单位，比如，周文的"关严实"不同于"墨西哥"，其内部是有句法层次构造的，他所说的"韵律单位"，并不是纯韵律单位，是按照句法和韵律两方面条件构造的。并且在其系统中，"关严实"要被看成是韵律短语。既然他所说的"韵律单位"一般的界定方法不适用，那么如何界定如果不说清楚的话，恐怕执行起来就会遇到更大的问题了。

至此本章的内容就介绍完了，主要是选取几个特定的句法结构，分别看这几个结构中三音节音步的句法形态功能如何体现。正如前面我们所指出的，随着新的汉语韵律－语法层级研究的发展，将会有更多的"时标韵律"层级的三音节音步的句法形态被挖掘出来。我们的研究是一个总结，同时也是一个新的起点，如果在这个过程中还能对大家有所启发，那就算是意外的收获了。

思考与练习 ————————————————————————

1. 谈谈你对汉语形态的认识，你是否认为汉语中声调、重音和词长都是形态呢？

2. 能否结合不同的语言类型谈谈音节数是否会影响重叠？汉语中三音节动词不能重叠，别的语言中有无这一要求？如果没有，其背后的制约机制是什么？

5

三音节音步的历史
来源及其文体属性

前四章我们主要介绍了三音节音步的韵律特征及其形态功能，认识了三音节音步在韵律上、语法上的特点。在这一章里，我们将继续了解三音节音步的历史来源，探究三音节音步最终形成于何时，同时了解其文体属性。为了探究三音节音步的历史来源，我们首先有必要了解古今韵律的不同，在此基础上我们可以更清楚地认识三音节音步的起源及最终的确立。

第一节　古今韵律的不同

目前看到的材料中，系统讨论古今韵律不同的主要是冯胜利先生。他的学生赵璞嵩在博士论文中系统总结了冯胜利先生在古今韵律问题不同阶段的相关理论流变。文章主要讨论上古汉语"吾"和"我"的相关对立，将冯胜利先生的观点总结为"韵素对立说"，即将上古汉语"吾"和"我"的对立看作韵素对立的现象，并将"韵素对立说"分为四个阶段。而这四个阶段则不仅仅涉及上古汉语"吾"和"我"的对立分布，还涉及古今韵律结构的不同。下面我们主要借用赵璞嵩（2014）的相关总结来阐述。

首先是第一阶段，提出先秦汉语属于韵素音步，说明先秦汉语复杂的音节结构是韵素音步得以实现的关键因素。

这一阶段的相关成果，主要体现在冯胜利（1995、1997、2000a、2000b）中，他指出从先秦到两汉之间，语音系统发生了句法变化。上古汉语音节结构逐渐简化，是汉语双音化的动因。汉语双音节音步的建立和复合词的飞速发展，均是韵律现象。单音节不足以成为一个音步，促发了大量双音节短语的产生。之所以说先秦汉语的韵律结构是单音节音步，他认为理由有二（Feng，1997）：

1.从音节结构方面来说，上古汉语中具有复杂结构的重音节可以独立构成音步。

2.用当代韵律理论分析，上古汉语中双韵素音步的消失源于辅音丛韵尾的脱落，而这种脱落分别导致了重音节和超重音节的消失。

第二阶段，描写上古汉语的韵律结构演变，着重说明"声调尚未形成"是保证韵素音步实现的关键因素之一。

赵文中提到，冯胜利（2000）中指出了上古汉语的韵律结构发生了如下的演变：

（1）早期上古演变到中期上古

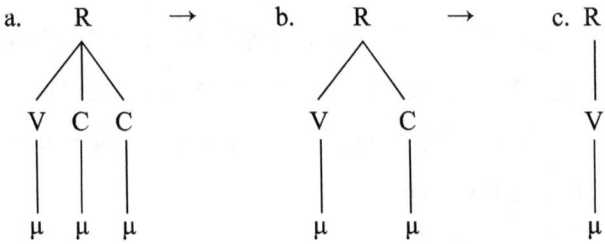

冯胜利先生指出，是韵律结构的要求与当时语言演变的相互作用，决定了双音步采取"结构扩散"的方式出现并进一步发展；并且他明确指出声调与韵律轻重的实现方式至关重要：声调

的长短会抵消音节上的长短，如果韵素不能表现长短之差，那么韵律的轻重必然通过音节的数量来实现。

第三阶段，提出韵律所以能够制约构词、句法，不仅是因为其本身的轻重表现，亦是因为它是"语言所以嬗变、不同的一种功能参数"。

体现这一阶段的是冯胜利（2009），他明确提出："韵律本身具有形态的语法功能，这种功能在句法史上扮演着促发演变的重要角色。"这篇文章提出的重要主张是：以形态类型为标准，应将古代汉语二分为东汉以前"音段形态类型"的语言和东汉以后才逐步形成的"超音段形态"为主的语言两大类型。

第四阶段，指出"吾"和"我"的交替使用并不是孤立的韵律现象，表现出的是"歌"和"鱼"两个韵部之间的对立。这一阶段建立了上古汉语韵部之间的韵律强弱等级。

以上是简单的分阶段介绍，下面重点介绍冯胜利（2006）的相关研究，特别是其具体论证的方法。冯胜利（2006）主要通过两个方面来论证古今韵律的不同，一是远古单音节音步的例证，二是二言诗体的论证。首先来看远古单音节音步的例证。他主要是通过"疑问代词前置"及"'吾'与'我'的轻重对立"判定出的，跟春秋以后的汉语不同，远古汉语的单音节可以自成音步，以下是其具体的分析。

一、远古单音节音步的例证

冯文主要通过"疑问代词前置"和"'吾'与'我'的轻重对立"来证明跟春秋以后的汉语不同，远古汉语的单音节可以自成音步。首先来看其"疑问代词前置"的相关分析。他主要以"宋有何罪"必须说成"宋何罪之有"为例来进行分析。他认为，照理说，根据疑问代词前置的规则，"宋有何罪"转换成"宋何罪有"是合法的。然而，先秦汉语中看不到"宋何罪有"这样的说法，非说成"宋何罪之有"。显然"之"在句法上是多余的，没它，句子照样合法，譬如：

（2）何城不克？《左传·僖公四年》（转引自冯胜利，2006）

（3）何事能治？《国语·晋语一》（转引自冯胜利，2006）

但问题随之又来了，为什么上述两例就不必有"之"的帮助呢？

（4）

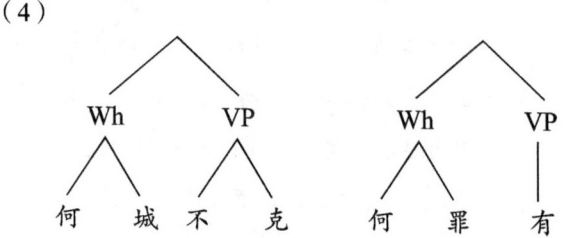

冯胜利先生认为稍加比较，便能即刻明了：如果 VP 下面是双音节成分，就不必出现"之"。一方面是可有可无，一方面是绝不可无。两相对照，可以看出：VP 下面不容单音。那么为什么 VP 下面不容单音呢？换言之，为什么双音节就可以，单音节就不行呢？这肯定涉及韵律的问题，没有韵律解释不通。那么韵律上的原因究竟是什么呢，他认为，从韵律上说，单音节不能自成音步，因此单音节就站不住，也因此 VP 下面不能是单音节。由此他认为战国时期，单音不足以构成一个音步的规律已然出现，这一方面说明为什么当时以及后来的语言里会使用"语助词"，另一方面也说明了所谓"双音化"的由来。

那么之前的汉语中是否单音节也不能自成音步呢？他发现并非如此，俞敏先生对"我""吾"区别的解释可以为证：

> 那么"吾丧我"的分别到了是怎么回事呢？……先看看这两个字在《孟子》里用在语丛里的地位怎么样。照我看，"吾"跟"我"两个字儿的分别可以拿两句话包括："吾"向来不用到语丛的尾巴上，"我"可以，比方"非我也"。凡是对比重念的地方儿，全用"我"，比方"尔为尔，我为我""彼以其富，我以吾仁，彼以其爵，我以吾义"……这一类的。咱可以看出来，"吾"和"我"的分别纯粹是个声音问题：凡在语丛尾巴上的，或有对比的，一定念得重，所以是 ŋad。凡后头还有别的字的，因为往往念得轻，所以写的时候儿把收尾音忽略了，就是 ŋa。（引自《俞敏语言学论文集》137 页）

冯文认为俞先生的说法能得到当代韵律句法学的支持，因为句子的核心重音正符合普遍语法的要求。随之他又提出需要解决的问题，即如果 [ŋad] 比 [ŋa] 重的话，那么当时的汉语就是语言类型上所谓的"韵素敏感型"语言（对韵母中的每个韵素都有语感），而韵素敏感型语言是以韵素为单位来建立音步的，亦即单音节音步。这和后来"双音节化"的汉语韵律全然不同。双音化的语言韵律是音节音步，因此今天说汉语的人感觉不到 bā 和 bān 哪个重，尽管 bān 比 bā 多了一个韵尾 [n]。这说明，以双音节为音步的语言没有韵素的语感。反过来说，如果韵素在该语言中有"多则重，少则轻"的效应，那么这个语言就是以韵素为单位的音步系统。据此他认为，如果"吾"和"我"以韵素的多少为对立，那么这说明当时的语言必然是"韵素音步"的语言。正如大家所知道的，"音节音步语言"和"韵素音步语言"截然不同；大家也都知道，春秋战国之后，双音化的趋势日甚一日，因此如果说韵素音步在当时（春秋战国之际）还有表现的话，那么只能说它是旧体系的代表和残留。一言以蔽之，冯胜利先生认为"吾"和"我"有无韵尾的轻重对立揭开了远古汉语的韵素音步之谜。

除此之外，冯文也提到，潘悟云、郑张尚芳、高岛谦一等学者也发现下列成对同义词中的强调式同样都多一个韵尾辅音。譬如：

（5）弱音节／一般式　　　强音节调式

如 [nio]　　　　　　　若 [niak]

何 [g'a]　　　　　　　曷 [g'at]

胡 [g'o]　　　　　　　恶 [ʔag]（转引自冯胜利，2006）

不仅如此，上古音韵学的研究成果也提供了有力的证据。很多研究古音的学者认为上古的元音有长短之分，若果真如此那就足以证明那一时期的语言必然对韵素十分敏感，否则元音的长短将无法区分。

综上其认为，"我—吾""如—若"等的轻重缓急之差，虽表现在发语轻重的对立之上，而其所以如此，则是音步类型不同所致。更有意义的是，这种 CVC 跟 CV 的对立可以告诉我们汉语史上确曾有过一个以韵素多少为轻重的时期，而这种对立出现在较早文献中的事实则充分说明了早期韵素音步的存在。

二、原始二言诗体的例证

除了远古时期单音节音步的例证之外，冯文也找到了原始二言诗体的例证。冯胜利（2010：26）指出：

> 由《中国古代文体概论》可知我国原始型的诗歌大都是二言形式，不仅如此，我国最早的诗歌总集《诗经》也是四言体。"二言形式"是两个音节，"四言形式"是 2+2，也是两个音节的单位。如果原始诗歌和上古《诗经》都是以两个音节为单位的诗歌形式，那么双音节结构（或音步）岂不是自古而然？如果双音结构自古如此，那么双音节音步来源于韵律结构的演变岂不是与事实相冲突？……事实上，当我们关注原始二言和上古四言的同时，我们必须看到韵素音步的存在和音节音步的发展，而后者更能反映当时的语言变化。

先看二言。冯胜利（2006）认为：原始二言诗歌的存在正是远古汉语单音节自成音步的表现。首先，就普遍形式而言，诗歌很少或没有以单个音步为诗行的体制。为什么呢？我们知道，诗歌虽非音乐，但必有旋律。旋律是诗歌所以为诗歌的必要条件。旋律是由时值和音高组成，没有时值就无所谓旋律。因此，旋律的实现离不开单位的组合（以实现时值），诗歌的最小单位是音步（语言韵律系统所决定），因此诗歌的旋律必然至少由两个韵律单位组成。然而，如果汉语自古就是双音节音步，那么原始的二言如《弹歌》，就必然读成四言一行从而满足诗歌旋律的要求，亦即：

（6）断竹续竹，飞土逐肉。

也就是说，如果自古就是双音节音步的话，那么所谓原始的二言诗体根本就不会存在。事实上也确实有学者质疑二言诗体的存在，如冯文提到的黄生在《义府》中曾批评以《弹歌》为二言是"未知诗理"，并强调："（黄歌《弹歌》）必四言成句，语脉紧，声情始切。若读作二言，其声啴缓而不激扬，恐非歌旨。"[①]冯文由此认为，如果诗歌必须以旋律为前提而原始汉语又以二言为音步的话，那么黄生所谓《弹歌》"必四言成句"的诗理，也不无道理。然而国学大师黄季刚先生批评说："黄歌四句，而黄生以为二句……未知抑扬之所由。"（《文心雕龙札记》）季刚先生没有具体说明这里的抑扬所由，但坚持黄歌为二言四句则毫无疑义。其实，原始二言诗歌不止黄歌，冯文还提到了下面的例子：

（7）《易经·中孚六三》

　　　或鼓，或罢，

　　　或泣，或歌。

　　《易经·屯六二》

---

① 黄歌指黄帝时期的歌谣。

屯如，邅如；

乘马，班如；

匪寇，婚媾。

如果二言古诗的确存在，那么黄歌《弹竹》也应该读成二言一句，即：

（8）断竹，续竹；

飞土，逐肉。

如果原始诗歌的确二言一句，如果诗歌一行至少两个音步，那么原始诗歌"一言一音步"的结果则是逻辑的必然。就目前的研究来说，"原始诗歌确有二言"是公认的事实。既如此，则"二言一句，一句两步"的分析也就顺理成章了。不同的是，不能用后来双音节音步的语感来读原始双韵素的诗歌。譬如下面的文字，若读成"一字一个音步"的节律，对今天说汉语的人来说，绝难上口：

（9）春……/ 来……，

秋……/ 去……；

物……/ 悲……，

人……/ 喜……。

这大概就是黄生"读作二言，其声啴缓而不激扬"的原因所在。

冯文认为尽管原始二言诗行的存在是公认的事实，我们却不能用今天的语感来读它。因为用今天的语感很难体味那些已经失去了的在我们语感之外的旋律之美。就如同我们很难用汉语的节律来欣赏英文的诗律一样。由此从诗歌的一般规律和原始诗歌的独特形式上，我们不仅可以看出原始诗歌和上古时期差异，同时还可以推断出原始诗歌必然是"单音节音步"的结论。原始诗歌"二言一句"的现象和我们上面"远古汉语以单音节为音步"的理论不谋而合，即：

（10）

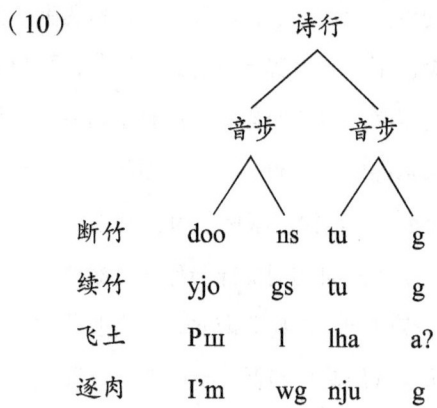

断竹	doo	ns	tu	g
续竹	yjo	gs	tu	g
飞土	Pɯɯ	l	lha	a?
逐肉	I'm	wg	nju	g

如果上述分析正确，则二言诗之所以被取代也得到了相应的解释：汉语的音步由双韵素变成了双音节。

那么，韵律结构类型是如何转变的，这种转变又会导致怎样的变化呢？先来看韵律结构类型的转变。冯胜利（2006）指出，正如程湘清（1992）所说的："汉语词汇从以单音词为主，过渡到以双音词为主，是汉语发展史上的一大变化……在距今两千多年的先秦两周时代，这一变化就已经开始了。"由上可知，排除其他外在因素的影响，从二言到四言的转变原因，一般认为是双音节词汇促发的结果。冯文认为"双音词的发展"是表面的结果，而韵律结构的演变才是导致整个系统转变的根本原因。从"二言体"到"四言体"的诗体演化，不过是远古汉语从"韵素音步"
到"音节音步"的转化在文学诗体上的一种反映而已。

不仅如此，冯胜利先生还指出，从韵素音步到音节音步的转
变给上古汉语带来了革命性的变化——使汉语从综合型的语言转
化为分析型的语言，汉语语法的整个系统（语音、构词和句法）
由此也发生了类型上的巨大变化。也正因如此，他认为要了解秦
汉时期文学的真实面貌，不仅要了解当时的文学变化，更重要的
是要了解文学所依赖的当时的语言变化。不仅要了解一般的语言
变化，而且还要关注和掌握由于"韵律转型"而带来的其他一系
列的相应变化。那么什么是与韵律转型相应的变化呢？

冯文主要谈到了三个历史时期的韵律转型，周秦时代是变化
的初起阶段，两汉为巨变时期，而魏晋南北朝则是变化的收尾阶
段。冯胜利（2005）认为从周秦到魏晋，整个变化过程以声调的
出现、发展与完成为线索而贯穿始终，以音步及其类型的出现与
建立为枢纽而制动全局。而这其中起重要作用的声调与音步的对
应关系如下：

（11）系统交替阶段　声调出现（上声）　　双音节音步

系统建立阶段　去入分流（去声）　　三音节音步

系统成熟阶段　四声分明（天子圣哲）四音节复合音步

也即，在新旧系统的交替阶段，双音节音步就开始形成和发
展，于是有了四言歌体的发展。直到东汉去入分流，汉语的四声
调系开始健全。与此同时，以 2+1 为标志的三音节词汇随之出
现。到了魏晋，四声高低的作用日趋明显，在"前有浮声，后有

切响"的双音步模块组合中，逐步形成了"四字密而不促"的韵律格式，于是双音节音步才进而复合为一个韵律单位——四音节复合音步。

第二节 三音节音步的历史起源

由第一节，我们了解到了古今韵律结构的不同。在这一部分，我们重点讨论三音节音步起源于何时，及何时最终确立。那么如何判定三音节音步的起源及最终确立？有何标志呢？在讨论这个问题之前，首先要明确三音节的使用和三音节音步的建立是两回事。冯胜利（2006：34）提及了以下内容。

> 我们知道，不管一个语言的韵律结构如何，都不可能限制该语言中自然语句的音节数量。我们没有证据说人类的某种语言因为韵律而不能使用某种音节数量的句子。因为在自然语句中，无论原始汉语，还是后来的汉语，三言（这里的三言指的就是三音节）并不少见。但是三言语句的使用和三言音步（这里的三言音步即本文的三音节音步）并不相同。在韵素音步的系统里，三音节是自由的，单音节可以自成音步。而在音节音步的语言里，三音节是强制的，单音节不能自成音步。也正因如此，在韵素音步系统中，三言可以分析成三个音步，而在音节音步的语言里，三言要么分析成两个音步，要么分析成一个超音步。即：

（12）a.　　f　　f　　　　　b.　　　f

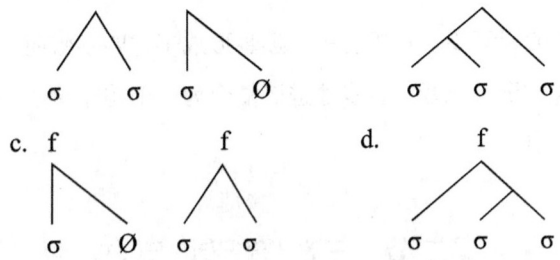

按照推理，在音步转型过程中，三言分析成三个音
步的情况要多于分析成两个音步或一个超音步的情况。
因为前者的出现可以毫不费力，而后者则需要变化的条
件。因为超音步的形成依赖于两个条件：一是单音节音
步的彻底消失，二是双音节音步的普遍建立。

冯文进一步推断如果上述推理成立，则先秦的三音节和汉朝
以后的三音节不同，之所以不同，其提出理由如下。

首先，先秦没有三言诗体，公认的三言诗到汉朝才出现。

其次，先秦没有三言复合词，严格说是没有三言复合构词
法。三言专有名词如"大司徒"等均属例外，就如同今天的"狮
子滚绣球"不属于构词法的产物一样。构词法上的三言复合词到
东汉才开始出现，譬如《论衡》中提及的：

（13）养性书　封禅书　甘泉颂　功曹史　军下卒　马下卒
　　　偃月钩　丧家狗　茧栗牛　两头蛇　桃象人　魍魉鬼
　　　日月道　太阳气　万岁宫　东南方　五音术　岁月神
　　　工伎家

上面这些类型的词汇在先秦是看不到的，是东汉以后才开始
成批出现的。而三言复合词又是三音节音步独立的标志，因此三

言复合构词法的出现可以作为验证三音节音步独立时代的下限标准，即东汉。

再次，如上所示，没有双音节音步模式，就没有三音节音步的要求。如果我们以"不经过词组阶段就径直成词"为标准的话，那么双音节模式的建立应该是在战国时代稍晚的时期。

如果三音节音步的出现以双音节模式为前提的话，双音节音步所导致的三言形式，当以战国为起点。正如双音节音步的发展经历了漫长的时间一样，三音节音步的发展也经历了很长时间。三言形式从战国开始萌芽一直到西汉以后，才产生了完整的三言体诗歌，如《安世房中歌》等。然而这种发展不是三音节音步的功劳，而是双音节音步促发和迫使的结果。也正因如此，三音节音步不仅需要孕育发展的时间和过程，而且原始的三言和后来的三言在结构上也绝不可能相同。根据以上推断，冯文认为三音节音步萌芽于战国时期，最终形成于东汉，以三音节复合构词法的最终形成为标志。

除了冯胜利先生的相关研究之外，杨爱姣（2005）专门讨论了近代汉语三音节词发展的原因。由冯胜利先生的研究我们可知，三音节复合词的最终形成标志着三音节音步的最终确立。所以杨爱姣的讨论也可以加深我们对三音节音步的认识。

她主要是从近代社会的发展、语音系统的简化、语体的变化以及造词法的完善四个方面入手的，这里主要介绍语音系统的简化和语体的变化两个原因。她认为近代汉语三音节词剧增，原因之一就是语言内部语音系统的变化。因为声韵调的全面简化使得汉语音节总量骤减，这就导致音系的简化，也就必须通过词的延长，即增加单个词的音节数量来补偿。双音节词功能负荷增大，然而双音节词词形结构有限，负荷的信息指数有限，它们跟单音节词一样，同样存在多义、歧义、同音等负语言效应，三音节词应运而生。

另外，弃雅从俗的语体变化是三音节词大量出现的客观原因。三音节词更适合口语语体，而单音节词与双音节词更适合文言语体。如"大老婆、小老婆、小鬼头、乡瓜子"等都带有亲昵通俗的口语色彩。单音节词"妻、妾、孩、秃"和双音节词"正室、偏室、孩童、秃顶"等是文言词，具有典雅的风格色彩。

综上可知，三音节音步最终确立是在东汉时期，也就在这时才开始出现大量的三音节复合词。下面我们将从三音节音步的文体属性出发，把三言诗何时兴起，五言诗何时出现，先秦时代的三言形式是否就是三言诗等问题讲清楚，以加深对三音节音步的研究。

第三节 三音节音步的文体属性

正因为三音节音步最终形成于东汉时期，因此伴随着三音节音步的出现而出现的五言诗也直到东汉才有。也许有人会有疑问，东汉之前已经有三言诗了，那时候的三言诗难道不是三音节音步吗？正如我们前面所指出的，当时的三言诗，在韵素音步的系统里，由于单音节可以自成音步，因此当时的三言是三个音步。而在音节音步系统里，由于单音节不能自成音步，此时的三言要被分析成一个超音步。而当其处于韵素音步和音节音步的过渡时期则被分析成了两个音步，此时双音节音步已经形成，但超音步还未最终形成。只有当三音节复合构词法最终形成的时候，才是超音步最终确立的时候。

那是不是说只有超音步最终确立时真正的三言诗才最终形成呢？根据研究，汉语最佳诗体的诗行至少两个音步，因此三言诗行必须是两个音步，而一旦形成超音步之后的三言即为一个音步，而一个音步是不成诗的。正因如此，冯文认为"三言两步诗"的事实本身就说明：三言诗的出现不是三音节音步的结果，而是双音节音步发展的必然，否则无法解释为什么直到两汉才有三言诗。那么事实是否如此呢？我们可以从先秦诗歌中的三言诗出发，到两汉时期三言诗的最终确立，及汉代的五言诗中三字句的出现，对不同时期诗歌中的三言进行研究，从而加深对三音节音步的历史起源及其文体属性的认识。下面我们首先以三音节音步的最终确立为分界点开始探讨先秦和汉代的三言。

一、先秦诗歌中的三言

我们首先来看先秦诗歌中的三言，根据目前的研究，这一时期三言主要出现在《诗经》和《楚辞》中，但又呈现出不同的特点。

《诗经》中的三言，根据冯胜利（2006）的统计，共有30余首含有三言的句式，却没有一首是独立成篇的。以三言比例最多的《江有汜》来说，其中的三言诗行大都放在四言的框架中：

（14）江有汜，之子归，不我以。不我以，其后也悔。

江有渚，之子归，不我与。不我与，其后也处。

江有沱，之子归，不我过。不我过，其啸也歌。

根据冯胜利（2006）考察发现，不但《诗经》中的三言要在四言或五言的环境中才能出现，而且《诗经》中的三言基本都是1+2，譬如"左执簧、从夏南、笃公刘、绥万邦、屡丰年"。尽管其结构关系有动宾关系也有介宾关系等，但整体都是1+2。我们知道1+2是短语韵律，而2+1是构词韵律。这说明《诗经》时代的短语韵律已经有了长足发展，而构词韵律仍很少见。不但如此，冯胜利先生也发现其三言均采用"A^B"形式，"^"代表"节律功能词"，如《摽有梅》《山有枢》中的"有"，"深则厉，浅则揭"中的"则"，《扬之水》《夏之日》中的"之"，等等。除此之外的功能词还有"与、未、不、其"等。不但《诗经》中的三言如此，《左传》中的三言也如此，不能不说其可能代表了当时的一种韵律格式。冯先生认为这是先秦三言格式的一个重要特点，带有明显的散文特征，和后代的三言大异其趣。

除了《诗经》中大量使用三言之外，《楚辞》里也有非常规律的运用。[①]

（15）浴兰汤兮沐芳，华采衣兮若英；

灵连蜷兮既留，烂昭昭兮未央；

骞将憺兮寿宫，与日月兮齐光；

龙驾兮帝服，聊翱游兮周章；

---

① 感谢书稿匿名评审人指出这点，《楚辞》中的三言因而得以补充。

> 灵皇皇兮既降，猋远举兮云中；
>
> 览冀州兮有余，横四海兮焉穷；
>
> 思夫君兮太息，极劳心兮忡忡。(《九歌·云中君》)

除了九歌体，离骚体中也大量使用了"兮"字，如冯胜利（2014）专门研究了《离骚》的韵律贡献。如：

（16）帝高阳之苗裔兮，朕皇考曰伯庸；

　　摄提贞于孟陬兮，惟庚寅吾以降；

　　皇览揆余初度兮，肇锡余以嘉名；

　　名余曰正则兮，字余曰灵均；

　　纷吾既有此内美兮，又重之以修能；

　　扈江离与辟芷兮，纫秋兰以为佩；

　　汩余若将不及兮，恐年岁之不吾与；

　　朝搴阰之木兰兮，夕揽洲之宿莽。

他指出《楚辞》中的顿叹法以"骚体"最为典型，就目前的节律分析而言可以得出下列格式：

1. 左边句首字"帝"和"朕"要独立成拍；

2. 左边开始，两个字两个字组合成拍；

3. "兮"在两句之间；

4. 最后两个字必须是实词；

5. 倒数第三个字是虚词。

与此同时，他将《楚辞》的这些韵律特点用公式法表示如下（"S"代表实词，"Δ"代表虚词，"（ ）"代表全拍，"[ ]"代表半拍）：

（17）《楚辞》节律格式

[S]（SS）Δ（SS）+兮#[S]（SS）Δ（SS）

[SS]（SΔ）（SS）+兮#[SS]（SΔ）（SS）

　　冯胜利先生认为《楚辞》中的虚词有一种缓解节奏的功能，正因如此，对倒数第三个字的虚词更理论化的示解是：倒数的第三个字是"间语词"（或者是停歇点），处在间拍的位置。根据冯文的分析，离骚体实际上并没有增加主干节拍，而只不过是在主拍之间添加了一个间拍虚字，其"主拍数"还是两个。屈原离骚体的改变是句首用半拍起，两拍之间加入一个间拍词。如下例所示：

（18）固　　|时俗| 之 |工巧兮, 偭 　|规矩| 而 |改错。

　　　 半起拍一拍 间拍 一拍　半起拍　 一拍　间拍 一拍

　　从上面的分析可以看出，从九歌体到离骚体，楚辞体的基本格式就是前面三字，中间加上虚词或连词。冯胜利先生曾在书信中指出，他发现从离骚体修饰楚辞体变成五言诗，再变成七言诗，一个很重要的转变，就是离骚体把三言放在前面，而五言诗、七言诗是把三字组移在后面。楚辞体往往是单音在前面，是1+2。而且按照冯胜利先生上面的分析，楚辞体仍然是一个诗行有两个音步，遵循了汉语诗歌的潜在规律。这就说明此时的三言已经和《诗经》时代的三言有所不同，《诗经》时代的三言是两个音步，而这里的1+2构成的是一个半起拍加一个一拍，但其还并未形成一个三音节音步。而三音节音步的最终确立，按照冯胜利先生的推断应该在东汉时期，这也同时涉及五言诗到底什么时候真正形成这一文学史上的一大疑案。冯胜利（2013b）中明确指出，在西汉的时候，五言和七言几乎都有见例，但是五言诗真正成体，没有争议的作品出现在东汉。而七言，即使到了东汉也未成熟。由此我们知道，先秦诗歌中的三言，都还不是真正的三言诗，三言诗的形成需要单音节音步的消失和双音节音步的确立，也即三言诗是双音节音步的直接产物。

二、汉代的三言诗

那么先秦之后三言诗最终形成于何时呢？一般三言诗到西汉时才广泛流行。但冯胜利（2006）经过考察发现这时的三言也还不独立，且多出现于四字句中并有衬字。如西汉贾谊的《吊屈原赋》："腾驾疲牛，骖蹇驴兮；骥垂两耳，服盐车兮。"他认为直到西汉枚乘的《七发》，三言在文学上的风采始现端倪："揄流波，杂杜若，蒙清尘，被兰泽，嬿服而御。"虽则这里的三言仍是1+2，但均为动宾结构，这也是三言句法中最富表达力的格式。冯文认为这种带有鲜明动感的1+2，标志着三言韵律日见其用。

我们知道，三言（三音节）韵律，1+2属于短语韵律，而2+1是构词韵律，2+1这种构词韵律又产生于何时呢？冯胜利先生认为2+1不仅是构词韵律，而且其更能代表三言的独立性，且在西汉民谣中已可见，并日渐成熟，譬如：

（19）颍水清，灌氏宁，颍水浊，灌氏族。（《史记·灌夫传》）
　　　狡兔死，走狗烹。飞鸟尽，良弓藏。敌国破，谋臣亡。
　　（《汉书·韩信传》）

冯胜利先生认为这里的三言和先秦的截然不同，不仅独立了，而且在结构上也突破了1+2的束缚。他认为将1+2与2+1的作用推向极致的是司马相如，《子虚赋》中表现得淋漓尽致：

（20）于是乃相与獠于蕙圃，媻珊郣窣，
上金堤，揜翡翠，射鵔鸃，微矰出，孅缴施，
弋白鹄，连駕鹅，双鸧下，玄鹤加。
怠而后发，游于清池。
浮文鹢，扬桂枻，张翠帷，建羽盖，罔玳瑁，钓紫贝。
摐金鼓，吹鸣籁，榜人歌，声流喝，水虫骇，
波鸿沸，涌泉起，奔扬会，礌石相击，硠硠礚礚，
若雷霆之声，闻乎数百里之外。

（引自马积高主编《历代辞赋总汇》）

冯胜利先生认为司马相如有意把1+2和2+1对应起来，前者状动，后者述景。前者是空间距离的行为性移动，后者是时间平面的视觉性刻画。动感、视感交替而行，读来抑扬顿挫、铿锵有力，发挥了三言的文学特点。综合以上观察，冯胜利先生认为三言诗到了西汉始见独立，于是才有《郊祀歌》等一系列三言诗体的出现。

关于三言诗最终形成于何时，为什么没能成为诗歌的主流，日本学者松浦友久（1990）和文学界的葛晓音（2006）都有所涉及。两位学者没有做出明确的说明和分析，只是指出三言诗在汉代兴起，两汉正处于摸索各种新型诗体的阶段。关于三言诗为什么没能成为诗歌的主流，松浦友久在《中国诗歌原理》（1990）第

五篇"诗与节奏"中曾专辟一小节讨论三言诗的节奏，认为以三字一句为意义表达单位是过于短小了，在重要的表达功能上缺乏畅达感，认为这是它没能成为主要诗型的原因。但正如葛晓音（2006）所指出的，为什么三言能在汉代兴起？为什么三言在魏晋以后得不到发展？三言与其他诗歌体式的关系究竟如何？这些问题还有待深入探讨。葛晓音（2006）受到挚虞《文章流别论》中"夫诗虽以情志为本，而以成声为节"的影响，认为考察三言体的出现也应该从内容功能和节奏韵律这两方面着眼。

首先看其内容功能上的分析，葛晓音（2006）将汉魏三言诗分为两类：一类是乐府，主要出现在郊庙歌辞中，以祝颂祀神和政治训诫为主。一类多出现在民间歌谣、谚语铭文中。文人诗很少，她发现的仅有崔骃的《三言诗》、李尤的《武功歌》及广川王刘去的《歌》。其研究发现，乐府中的三言多为长篇，而民间歌谣谚语中，纯粹是三言的篇幅都很短，通常只有四句，少的只有两句。葛先生认为其来源与郊庙歌辞不同，主要出自民间讴歌，从零散的文献记载中，可以看到战国至秦代便出现了少量以三言为主的歌谣。下面是其列举的三言民谣。

（21）一尺布，尚可缝；一斗粟，尚可舂；兄弟二人不相容。

（《史记·淮南厉王传》载《民为淮南厉王歌》）

灶下养，中郎将；烂羊胃，骑都尉；烂羊头，关内侯。

（《后汉书·刘玄传》载《更始时长安中语》）

为什么三言能在汉代兴起？为什么三言在魏晋以后得不到发展呢？葛先生认为在四言和骚体逐渐定型的同时，汉人也在努力摸索和尝试各种新型诗体，这就是三言和五言、七言等其他体式在两汉韵语中同时出现的基本原因。葛先生又从节奏韵律方面入手分析，其从三言的节奏构成、诗行和体制出发。认为汉人好用三言的原因，很可能是因为这种 1+1+1 节奏最简单，最容易掌握，不像四言和骚体那样需要寻找主导的节奏音组，也不像五言那样因为句式增加了两个字便不容易找到节奏感。而且无论长短都可以成体，既可以运用对偶、排比、重叠等促使诗行节奏流畅的修辞手法，又不必像诗经体四言和早期五言那样依赖它们构成句序。但这里也存在问题，为什么到了汉代才兴起而不是秦代就兴起？上述解释恐怕不能让人信服。

至于为什么三言诗在魏晋以后得不到发展，她认为从汉魏三言体的内容和功能来看，基本上是分别走大雅和大俗两条相反的道路。雅者，是按照古乐府题目的体裁传统在乐府中传承下来，但汉代尚有极少数反映民间思想感情的三言乐府，到魏晋则变成清一色的歌颂庙堂的雅音，民间歌谣在魏晋时期萎缩。而汉魏文人诗的发展方式基本上是在因循前代诗歌体裁的创作传统中逐渐变化，三言的传统功能没有给文人留下自己抒情的空间，因此即使有民间歌谣和其他孕育的土壤，也不可能得到发展。她认为这应该就是三言体在汉代兴起却在魏晋之后逐渐衰落的内容功能方面的原因。

至于为什么三言的传统功能没有给文人留下自己抒情的空间，葛先生主要从节奏韵律入手分析。她认为原因主要有两个，一是三言的诵读节奏过于短促单调，不能表现抒情所需要的长短曲折富有变化的声情。其次，三言构句太简单，在艰涩与直白之间难以取其中。她认为正是以上两个原因造成了三言在魏晋时期的衰落。

葛先生的解释主要着眼于内容功能，节奏韵律解释得比较简单。但正如上面指出的，这种解释无法说明为什么直到汉代才出现三言诗。除此之外，她对节奏韵律的解释有自我矛盾之嫌，例如她分析汉代好用三言的原因时就说三言节奏最简单、最容易掌握，而且无论长短都可以成体。既然三言节奏这么好，为何魏晋时期又衰落了呢？她在分析这一问题时又避开了三言的节奏韵律，而是说三言不适合抒情。为什么不适合抒情呢，因为节奏太简单。那么问题就是，为何汉代觉得节奏简单就好，魏晋就不觉得节奏简单好了呢？汉代作诗为何不需要抒情，而魏晋就需要抒情了呢？这样深究起来，恐怕会有一些问题不好回答。如果可以结合当时的语言变化，从语言学的角度论证，两种角度的解释就能相得益彰了。

三、汉代的五言诗

这一部分，我们交代一下这一章的最后一个问题，五言诗的最终确立。之所以要介绍五言诗，按照冯胜利（2006），五言诗的出现是三音节音步独立的结果，三音节音步的真正独立以语言上 2+1 式构词法的形成为标志，而 2+1 式构词法到东汉才形成。这也就说明真正的五言诗应该是东汉之后才确立的。正如三言诗的确立是双音节音步促使的结果，要了解三言诗最终确立的时间，就要了解双音节音步何时形成；同样，我们要讲清楚三音节音步的历史来源就不能不涉及五言诗。

冯胜利（2006）指出，五言以三言为基础，没有三言的独立，不会有标准的五言诗出现。因此，最初的五言杂体和成熟的五言诗体，不能同日而语。我们这里需要了解的问题就是西汉的五言诗不是真正的五言诗，正如冯胜利先生指出的，西汉不是没有五言，就像先秦不是没有三言一样，但是西汉的五言和先秦的三言一样，都不能和后来所谓的三言诗体和五言诗体同日而语。他认为一般公认的五言诗到了东汉才出现。原因很简单，因为只有到了东汉，三音节音步才开始独立。相关的详细论证，即西汉时期的五言和真正的五言诗歌的区别，我们不再一一分析，这里仅举例简单说明。

如冯文提到的一般引用的西汉五言诗：

（22）子为王，母为虏。

　　　终日舂薄暮，常与死为伍。

　　　相离三千里，当谁使告汝。（《汉书》载戚夫人《舂歌》）

　　　汉兵已略地，四方楚歌声。

　　　大王意气尽，贱妾何聊生！（《楚汉春秋》载《和项王歌》）

冯胜利先生认为第一首不是完整的五言诗，当属西汉杂言诗一类。为什么这么说呢，因为其句法比较自由，不是标准的 2+3，而是 3+2。而最后一首诗则不仅是五言的 2+3 模式，而且每句最后三字是一个立体的对称：

（23）(X(XX),(XX)X)　　　　已略地，楚歌声

　　　((XX)X,(XX)X)　　　　意气尽，何聊生

全诗上下左右都是交错而对，节律的安排整齐而错落有致。据此他认为一般引用的西汉五言诗，只有这首够得上五言诗体制，但这首诗是否西汉人所作，仍有争议。而按照冯文的理论分析，这首诗应该不是西汉作品，因为此时的三音节音步还未形成。一般公认的五言诗只有到了东汉才出现。由此冯文进一步指出，西汉不是没有五言，就像先秦不是没有三言一样，但是西汉的五言和先秦的三言一样，都不能和后来的所谓三言诗和五言诗同日而语。

这一章，我们先了解了古今韵律结构的演变，了解了从古汉语到现代汉语音步类型、从韵素音步到音节音步的转变。在这一基础上分析了三音节音步产生的条件及最终确立的标志，并介绍了三音节音步的文体属性。了解到先秦三言和三言诗中的三言不能同日而语，正如西汉时期的五言和东汉时期的五言诗不能同日而语一样。但关于以上问题，无论是语言学界还是文学界研究的成果较少，所以可参考的资料比较少，相信后期会有更多的学者关注到这一现象。我们这里只是抛砖引玉，介绍一些研究成果供大家参考，希望感兴趣的同人可以进一步关注、思考、研究。

思考与练习

1. 你认为古今韵律结构是否发生了变化，是否认同其韵律结构经由韵素音步到音步的变化？
2. 简要说明三言诗的形成是否就标志着三音节音步的确立，如果不是，两者之间又是怎样的关系。
3. 举例说明先秦时期的三言和两汉时期三言的异同点。

6

三音节音步的轻重音及其语体属性

　　前几章我们分别了解了三音节音步的韵律特征、形态功能及其历史来源和文体属性，对三音节音步的最终确立、三音节音步的基本韵律特征及三音节音步在现代汉语语法研究中所起的作用有了一个比较全面的认识，而且以上研究都是成系统的研究，章节之间比较有关联性。在这一章里，我们主要对三音节音步的其他相关研究进行介绍，这里面包括三音节音步的轻重音、三音节重叠式的轻重模式及其韵律形态，以及三音节音步的语体属性问题，对这些问题的介绍无疑都可以加深我们对三音节音步研究的认识。

　　值得注意的是，前面五章的内容我们主要是基于汉语韵律研究的成果来介绍的，多是国内外汉语韵律研究专家及青年学者的成果，但在汉语韵律句法研究兴起之前，包括兴起之时，其他学者也在做相关的研究，比如实验语音学的研究。这些研究与汉语韵律句法研究相互补充、相互印证。这一章里，涉及的学者范围可谓广泛，有的是研究方言的，有的是研究民族语言的，有的是研究汉语偏误的，有的是做实验语音学研究的，有的可能还是做普通话推广的，甚至还有播音主持领域的，范围跨度很大，研究成果丰富多样。有些研究可能和真正的韵律研究还有些距离，但这不妨碍大家对于三音节现象的共同探讨。下面，我们主要从三音节音步的轻重音及其语体属性入手来展开。

第一节 三音节音步的轻重音

有关汉语有无重音以及汉语词重音的类型，学界一直众说纷纭。就目前而言，多数学者认为汉语有重音。这里可以重点参考端木三（1999、2007、2014）和冯胜利（2016）的研究。端木三（1999、2007、2014）主要介绍了国外的重音理论以及汉语的词长选择等重音现象；而冯胜利（2016）则是第一次系统地、明确地提出了北京话是一种重音语言，认为北京话虽然不是英文这类stress-timed 的语言，但也是以音节节律为单位实现轻重且直接影响词法和句法的重音语言。这篇论文多角度、多层次地挖掘了北京话中的重音，可以很好地帮助我们认识北京话的重音，认识北京话中声调和重音的关系、重音和语调的关系。

既然目前多数学者认为汉语有重音，那么三音节音步的轻重模式又是怎样的呢？有关三音节音步的轻重音研究，从研究对象来说，有专门研究普通话的，也有研究方言和少数民族语言以及对外汉语教学中的语言偏误的；研究方法上，有用音系理论推导的，也有借助实验手段进行研究的。成果很多，体系很多样，下面我们先来看有关三音节音步轻重音理论的研究。

严格来说，早期的研究主要是围绕三音节展开，当时还没有系统引入西方的节律音系学，汉语的韵律研究尚未正式起步，因此还没有音步的概念，也就自然没有三音节音步这个概念了。但了解了前几章的内容，我们应该可以区分普通的三音节和三音节音步的不同了。单就普通的三音节来说，可以是三个单音节的并列组合，如"工农兵、酱醋茶"；也可以是三音节复合词，如

"电影院、图书馆";也可以是三音节短语,如"看电影、打牙祭";也可以是一个主谓宾的句子,如"我没懂、花没开"。而三音节音步,也叫超音步,则是韵律构词学中的核心概念。由三音节音步或超音步实现为超韵律词。超韵律词主要分为两类,一类是 1+2 的音组模式,一类是 2+1 的音组模式。由此可知,三个单音节的并列组合、主谓宾的句子,都不是超韵律词。本章为介绍方便,不再详细界定三音节、三字组和三音节音步,沿用各文献原文中的称呼。

一、普通话中三音节音步的轻重音

首先来看对轻重音关注较早的陆宗达、俞敏(1954)的相关研究,他们提出北京话的重音模式一共有四种是最基本的。第一种是重轻,如"房子、哥哥、朋友"等;第二种是中重,像"旮旯儿、天天、茶叶"等;第三种便是关于三音节的轻重"中轻重"模式,其举到的例子有"萨其马、胳连瓣儿、冷孤丁、搬不倒儿、黑忽忽、磨洋工、看不见、天津卫"等;第四种是中轻中重,像"稀里胡都、胡胡都都、黑不溜秋、走不出去、狗仗人势、阿弥陀佛"等。三音节的其他轻重类型并未提及。陆宗达、俞敏(1954)的研究重在强调重音在汉语中有区别词和短语的作用,对于三音节的轻重模式只是一笔带过,没有详尽研究。

之后赵元任(1968)将重音细分为普通重音、特强重音、轻音或轻声。他谈到普通重音时指出,一连串普通轻重音中间没有停顿的音节,不管是词组还是复合词,在语音上每个音节的轻重并不一样,通常最后的音节最重,起头的次之,中间的最轻。例如"山海关、我没懂"。赵元任也认为三音节的轻重模式是"中轻重"模式，而且显然他认为不管词还是短语都是这一模式。

这之后的研究主要基于以上研究展开，如王茂林（2003）中也涉及三音节韵律词的轻重模式，认为三音节韵律词是"中轻重"模式，即末音节重的比例最高，其次是首音节，中音节被判断为重音的概率最低，但差异也不是很大。他同时又考察了三音节韵律词内重音与声调的关系，最终发现，阴平和去声被听成重音的概率较大。他认为这是因为这两种声调的调值较高，这也同时证明了重音和音高的关系非常密切。除此之外，包智明、侍建国、许德宝（1997）的第六章"节律音系学"中也专门讨论了重音的特征，其中也涉及三音节的重音模式。他们认为一组相连的普通重音的音节，它们语音上的重音强度并不一样。北京话的多字组，最后一个音节最强，第一个音节次之，中间的音节最弱，例如"西洋参、山海关"，也即他们也认为三字组是"中轻重"模式。

那么三字组的轻重模式到底为何呢？有关这一问题实验语音学领域的学者也展开了研究，代表研究是颜景助、林茂灿（1988）。该研究挑选了北京出生并长大的一男一女来读 152 个三字组，并邀请十位从事语音和方言研究的同志对两位发音人读的三字组做重音听辨判断。实验结果为：女发音人读的 152 个三字组中，有 116 个念成"中轻重"模式；10 个三字组首字念得比末字和中字重，包括"喝白酒、烧羊肉、双职工、江米酒、书面语、东半球、红铅笔、卖报纸、看电视、大黄鱼"；16 个三字组中的中字念得重，包括"轰炸机、心电图、长方形、巡洋舰、棉大衣、炸带鱼、雷阵雨、老天爷、手风琴、纺纱厂"等；其他情况未做统计。而男发音人念成"中轻重"重音格式的只有 73 组，其中有 37 组首字较重、16 组中字较重。他们认为重音放在哪个字上跟发音人把意念中心放在哪里有关，而意念中心放在哪里跟发音人认为三字组是词还是短语有关。简单说，如果发音人认为三字组为词，则意念多集中在末字，那么末字就重读；如果发音人认为三字组为短语，则其意念集中于首字上，首字重读。

文章综合十位听辨人的实验结果，最终得出，在不带轻声的三字组里，可以有两种重音模式。一种是"中轻重"格式的，叫正常重音，表现为从首字到末字，其 F0 音域位置不断下降，末字音域最宽，末字 F0 音域下限下降尤为明显。这种格式也是陆宗达（1954）和赵元任（1968）指出的模式。另一种重音是由于发音人把意念放在首字或中字上，使首字或中字加重，表现为首字或中字 F0 音域加宽，其上限抬高。他们将三字组首字或中字重的重音叫作加强重音，也即"重中轻"或"中重轻"模式，这两种重音模式主要以短语为主，如"喝白酒、炸带鱼"等。颜景助、林茂灿（1988）的研究表明，三字组的重音模式有区分词和短语的作用，这点跟陆宗达、俞敏（1954）的看法不谋而合。

综上可知，普通话中三音节音步的轻重模式主要以"中轻重"为主，但具体分析其轻重模式时，也要考虑其音步方向。因为有"左向造语，右向构词"的原则，所以 2+1 多为三音节词，1+2 多为三音节短语，其轻重模式也会有所不同。即使同为 2+1 的三音节复合词，也要注意区分其内部有无轻声：当其没有轻声音节时，主要是"中轻重"模式，如"电影院、图书馆、梳妆台"；当其内部有轻声音节时，主要是包含重叠的情况，如"娃娃脸、婆婆嘴"，此时也是"中轻重"模式。但当其为 1+2 的三音节短语时，其轻重模式就变成了"轻中重"，如"打篮球、玩手机"。当其内部有轻声音节时，如"看热闹、抓虫子"，其轻重模式为"中重轻"。需要指出的是三音节音步实现的超韵律词因为内部的结构很多，而且有词有语，其轻重模式比较复杂，绝不仅仅是我们上面举到的这几个类型。为加深大家对于三音节音步轻重音的认识，我们将在本章第二节中专门从三音节重叠式入手研究其重音模式及其韵律形态问题；而对于三音节音步的整体情况则另文专门研究，这里不再详细展开。

二、少数民族语言及方言中三音节音步的轻重音

以上是对普通话中三字组的轻重模式的研究，除此之外，少数民族语言及汉语方言中的三字组轻重模式也有很多研究成果，对外汉语教学领域也出现了一些研究成果。下面首先介绍少数民族语言中三音节轻重模式的研究情况。有关少数民族语言中三字组的轻重音研究，主要集中在蒙古语、维吾尔语、锡伯语、突厥语等，其中尤以维吾尔语和蒙古语的研究为多。

先来看维吾尔语的研究。祖丽皮亚·阿曼、艾斯卡尔·艾术都拉、地里木拉提·吐尔逊（2009）利用维吾尔语语音声学参数库，选择了以开音节和闭音节结尾的 333 个三音节词的韵律参数，对元音时长、音高和音强进行了统计分析，归纳了其元音时长、音高和音强分布模式，探讨了维吾尔语三音节词的韵律节奏模式与三音节词重音之间的关系问题。他们分别通过元音长度分布模式、音高分布模式和音强分布模式统计出维吾尔语固有三音节词

的自然节奏模式。从元音长度分布模式来看，共有三种：1:1:2（开类男/女），1:1:1.5（闭类女），1:1:1.3（闭类男）。从音高分布模式来看，无论是开类还是闭类三音节词，都呈现出 L-H-H 模式。从音强分布模式来看，无论是开类还是闭类三音节词音强最高点均落在词末音节上，即词末音节相对较强。由此可知，无论是开类还是闭类，维吾尔语固有三音节词的重音均落在词末音节上，这也验证了"维吾尔语词重音均落在词末音节上"的传统说法。

江海燕、刘岩、卢莉（2010）中以 15 个维吾尔语三音节词为例，对比考察了重读音节与非重读音节的音强、音长、音高。实验结果显示，三音节词的末音节是重读音节，其音长都在非重读音节的两倍以上；而音强和音高区别不大。这一研究同样验证了"维吾尔语词重音均落在词末音节上"的传统说法。除此之外，杨红军（2010）主要运用实验语音学的方法考察了乌鲁木齐维吾尔语新闻广播中三音节词重音的声学特性及重音模式。其实验结果显示，维吾尔语三音节词的重音模式为：重音落在第三音节，从第一音节至第三音节逐渐升高，至尾部轻微下降。

接下来看蒙古语的研究。郑玉玲、鲍怀翘（2001）首先指出蒙古语属于阿尔泰语系，是一种黏着型语言，有长短元音之分。一般认为蒙古语的词重音是固定在第一音节上的固定重音。其实验结果显示：蒙古语词重音属"习惯"重音，既不负担"分界功能"，也没有区别意义的功能，但与组成多音节词的结构类型密切相关。在蒙古语三音节词的 8 个结构类型中，第一音节是长元音的，重音就落在第一音节上；第一音节是短元音的，重音落在

第二音节上。

除此之外，呼和（2007）通过研究认为蒙古语的重音与英语、俄语的自由重音不同，因为蒙古语重音既没有词汇意义，也没有形态学意义，其重音位置与词的类型（长短元音的分布）有着密切的关系。与郑玉玲、鲍怀翘（2001）不同的是，呼和对重音与词的长短元音分布的分析更加细化，细分为以下几类：词首音节包含长元音的三音节词的第一音节为重读音节。而词首音节包含短元音的三音节词的重读位置则比较复杂，又可再分为三类：有三个短元音 S-S-S 的三音节词的重读音节为第二或第三音节；只包含一个长元音的词（S-L-S 或 S-S-L），其重读音节在有长元音的音节上；S-L-L 类三音节词的第二音节（前一个有长元音的音节）为重读音节。由上可知，蒙古语中三音节词的重音主要受到元音长短的影响。

除了对维吾尔语和蒙古语重音的研究之外，还有对其他一些少数民族语言的研究，如李兵、贺俊杰、汪朋（2014）主要研究的是锡伯语，他们认为，与双音节词比较起来，三音节词在各音节组合类型上的分布更加参差不齐。首先，在音强方面，动词与名词在 CV. CV. CVG 组合中有不同表现：就动词而言，多数三音节词内音节间的音强差异较为显著；在名词里，绝大多数三音节词内各音节间未表现出明显差异；在其他音节类型组合中，音节间音强是否存在显著差异与音节结构类型似没有关联，词内各音节间音强差异不具有系统性。其次，在时长方面，绝大部分发音人在各音节结构类型组合上都表现出显著的时长差异。最后，在音高方面，大多数发音人的绝大多数样本词以及相关统计显示，不论是名词还是动词，第一音节与第二音节均表现为平调，但第一音节音高系统略低于第二音节，第三音节总是高降调。

综合考虑及结合跟双音节重音的对比，他们认为在锡伯语中，三音节词与双音节词相同，词重音位置是第一音节，其词重音的共同声学特点是音高曲线表现为稳定的低调域平调，后续音节的音高曲线是高平或是高降。这种音高曲线的分布可视为锡伯语词重音的基本模式。他们认为音高在重音的语音表征中起着最重要的作用，时长和音强在词重音语音表征中的作用及其与音高作用的关系尚未有明确的研究。

以上是对少数民族语言三音节音步轻重音的研究概况，除此之外，汉语方言中也有不少轻重音现象。目前看到的资料主要是对绍兴方言、荔浦方言、衡山方言和南昌县蒋巷方言中轻重音的研究。下面按照发表时间先后对以上研究成果进行介绍。

蒋平、谢留文（2001）研究了南昌县（蒋巷）方言中的轻重音现象。他们没有系统研究方言中三字组的重音，只是讨论了带词缀"子、里"的三字组的重音，并认为可分为三种情况。第一，重音落在第二字，尾字读轻声，为"中重轻"式，如"丝线子、戏班子、皮帽子"。第二，前字重读，后两字都读轻声，为"重轻轻"式，如"私下里、奸雀子、头绳子"。第三类是混合型，这类三字组的尾字总是读轻声，首字总不读轻声，中字可读轻声，也可以不读轻声。也即中字读轻声时，为"重轻轻"式；中字不读轻声时，重音在第二字上，为"中重轻"式。

蒋平（2005）又研究了广西荔浦方言的轻重音现象，认为荔浦方言三字组的轻重音是由边缘决定的。偏正结构的三字组，不论内部结构关系是 1+2 还是 2+1，都是中字最轻，首字次之，尾字最重，如"单眼皮、三点水、新手套"。有些述宾结构轻重音的位置跟偏正结构一样，中字轻读，前字次之，后字重读。她认为与两字组的轻重音相比，三字组的轻重音受词的边缘制约而非受词的内部语法结构关系制约。由此她认为荔浦方言中韵律单位的大小会影响轻重音的指派。

　　刘娟、李如龙（2014）主要研究了湖南衡山方言的轻重音，并认为衡山方言的两字组、三字组的轻重模式与字组是否成词、字组的词性（体词性和谓词性）及语法结构有密切关系。由此他们认为偏正结构的三字组与动宾结构的三字组轻重模式不同。关于偏正结构，他们认为不论内部结构是 1+2 还是 2+1，其轻重模式都为"重轻轻"。但他们同时指出内部结构关系为 2+1 的三字组也有例外，例如衡山方言中的"机关枪、屋里人、禾草纸、电灯泡"和"安眠药、见面礼、扯怪婆、吃水筒"等也可以看作两个韵律单位，轻重模式"重轻重"。关于动宾结构，他们认为其轻重模式由三字组内部的韵律边缘决定，内部结构关系为 1+2 时，轻重模式多为轻重轻，如"剁脑壳、讲价钱、摆事实"；内部结构关系为 2+1 时，轻重模式多为重轻重，如"骂死人、怄死人、失破人"。

　　另外，最近几年，对外汉语教学领域也有越来越多的学者关注重音的相关问题，其中也涉及对三音节的关注。刘一杉在《韩国留学生汉语三字组部分韵律特征的表达状况研究》（2012）中，以 100 个三字组作为实验材料，考察了三个年级共 31 名韩国留学生对汉语三字组部分韵律特征的表达状况，得出了以下结论：

第一，被试对汉语三字组重音模式的表达并非随着他们汉语水平的提高而改善。第二，被试的语音表现受三字组中各音节调类的影响比较明显，整体上倾向于将四声的非重音音节表达为重音，将三声的重音音节表达为非重音。他对此的分析是，韩国学生的第一语言是非声调语言，在这些语言中，音高曲折升降的变化并不区别意义，而仅仅是表现韵律成分的手段。这就使得其无法区分"区别意义的声调变化"和"其他韵律成分造成的变化"两个层次，这是其一。其二，面向初级汉语学习者的声调教学都很强调声调的区别和它对表意的影响，因此严格要求学生在声调的表达上做到清晰和完整。但由此也产生了副作用，就是使学生对调型的表达相对僵化。基于以上两个原因，韩国学生对汉语重音的表达与汉语的声调有一定的相关性，形成了总是四声重的问题。第三，被试的语音表现还普遍受到三字组中各音节所处位置的影响。由此作者认为，针对汉语韵律的课堂教学是有必要的，应该在课堂教学中强调汉语的重音模式以及重音的表达手段，进行有针对性的教学。

正如上面的研究所示，三字组不同重音格式的数量分布实际上非常不均匀，"中轻重"模式占大多数，其他模式则相对较少。而真正针对三音节音步的轻重模式进行的系统研究不是很多，这里面还有很大的空间。之所以形成这种研究现状，我们认为一方面是对于汉语是否存在重音还有一些争论；另一方面，汉语的重音不明显，因此研究起来有难度，也就长期没有得到应有的重视。而这也给我们留下了很多探索的空间，我们可以在前人的基础上继续往前推进这项研究。

第二节　三音节重叠式的轻重模式及其韵律形态

第一节中我们大概介绍了三音节轻重音的研究概况，但同时也指出了三音节轻重音情况的复杂性，有词有语，轻重模式多样。正因如此，我们将其范围缩小到三音节重叠式的轻重模式研究上，关键是从三音节重叠式的轻重模式研究入手，同时加深对汉语韵律形态的研究。关于汉语三音节重叠式的轻重模式研究，无论普通话还是方言都有人涉及；关于汉语韵律形态，在冯胜利老师的带领下，王丽娟（2009）、崔四行（2012）等也都有所推进。我们在这里，从三音节重叠式的轻重模式入手研究汉语的韵律形态，希望能对汉语的轻重音研究及韵律形态研究有所推进。

学界关于三音节重叠式轻重音的研究成果较少，目前主要成果集中在对一些方言重音的研究上，如蒋平、郎大地（2004）在研究南京话形容词重叠的声调与重音时，涉及对南京话 ABB 重叠式重音的研究。其研究表明，南京话 ABB 重叠式中通常是尾字最重，首字次之，中字最轻。我们这里重点关注普通话中三音节重叠式的重音问题，因此对方言和少数民族语言的具体研究这里不再赘述，相关部分可以参看本章第一节的内容。

一、三音节重叠式的轻重模式及其韵律形态研究

由上可知，汉语韵律形态研究是一个新的领域，里面有很

多现象有待挖掘。重叠和重音都是汉语的韵律形态，那如果将这两种形态结合起来研究重叠式的重音，无疑是一个很好的研究汉语韵律形态的切入点。崔四行（2012）从研究汉语重叠式 ABAB 和 AABB 的重音模式的句法功能出发研究其韵律形态，文章首先研究 ABAB 和 AABB 的重音模式，然后研究其句法制约功能，论证了重音模式不但可以区分句法性质（一个成词，一个成语），还可以确认词类（ABAB 为动词性的，AABB 为状态形容词性的）。不但如此，重音模式还可以标记不同的句法位置，采用"重轻中轻"重音结构时，重叠式在句中多做谓语，偶尔也做主语，如"考虑考虑"。采用合并式重音与拆补式重音时，如是性质形容词的重叠式，在句中多做定语、状语和谓语，有时也可做补语，如"匆匆忙忙、缝缝补补"。这一研究揭示出汉语的重音具有韵律形态的作用。

我们这里重点考察三音节重叠式 ABB 和 BBA 的重音模式及其韵律形态。要对这一问题进行研究，首先需要搜集汉语中 ABB 和 BBA 重叠式语料，然后对其重音模式进行研究，继而从其句法制约功能或语体标记功能等入手来考察其形态作用。首先来看 ABB 重叠式的相关研究。

（一）ABB 和 BBA 的轻重模式研究

ABB 是汉语形容词的重叠式，有很强的表达力和能产性。我们这里为了统计和研究的方便，主要采用《现代汉语词典》（第5版）中的 ABB 类词条，尽管可能有一些新兴的 ABB 没有被收录进来，但这不影响我们对 ABB 重音模式及其韵律形态的研究，因为其重音模式类型是一定的。

　　根据我们的统计，《现代汉语词典》(第 5 版) 中共收录 ABB 类词条 221 例，其词类主要是形容词，有少数的名词、动词等。其中名词有 13 个，如"姑姥姥、黑猩猩"等，动词有 1 个——"打喳喳"，形副兼类词 1 个——"活生生"，还有 1 个拟声词——"噗噜噜"。经过研究我们发现，ABB 的轻重模式主要有三种：一种是"重轻中"模式，一种是"中轻重"模式，还有一种是"重中轻"模式。这三种轻重模式分工也很明确，比如最后一种"重中轻"模式主要是名词性ABB重叠式的重音模式。如前所述，名词类 ABB 共有 13 个：

　　(1) 艾窝窝　蚕宝宝　姑姥姥　姑奶奶　姑爷爷　香饽饽
　　　　姨姥姥　姨奶奶　姨太太　黑猩猩　老公公　老婆婆
　　　　老太太

　　这部分名词性重叠式的轻重模式很容易判断，我们就不再理论推导了。另外两种轻重模式都是形容词性的，其中"重轻中"模式数量较多，如"急巴巴、汗津津、光闪闪"；"中轻重"模式数量居中，如"白皑皑、虎彪彪、清冷冷"。那么我们这里的轻重模式是如何推导出来的呢？崔四行 (2012) 将重音推导归纳为两个原则，一个是"句法结构原则"，一个是"重音调整原则"，我们这里依然按照这两个原则来进行推导。下面以"白皑皑"为例：

　　首先我们需要确定"白皑皑"内部的句法结构，因为汉语中没有"白皑"，因此其结构应该是"白＋皑皑"的并列结构。然后按照重音推导的过程，我们需要确定"白"和"皑皑"的轻重。那么问题来了，"白"只有一个音节，而"皑皑"有两个音节，在这里是不是两个音节必然重于一个音节呢？如果是这样，那么 ABB 的轻重模式的重音必然都在后面。但事实是像例（1）中的名词，很明显可以判断出前面的单音节要更重一些。那么该如何解决以上面临的问题呢？我们是这样解决的：在"白"后面补一个空音节 x，这样一来很显然"白"比 x 要重。然后需要判断的就是"白 x"和"皑皑"的轻重关系，根据语感测定，"皑皑"明显要重一些。然后再按照"重其重，轻其轻"调整其轻重，于是最终得到了"2013"的轻重模式，也即"中轻重"的重音模式。具体推导如下：

（2）

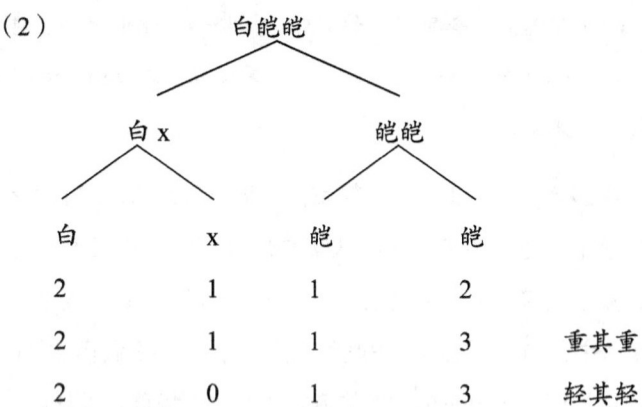

白	x	皑	皑	
2	1	1	2	
2	1	1	3	重其重
2	0	1	3	轻其轻

　　其中"重轻中"和"中轻重"模式都是状态形容词的轻重模式，而"重中轻"模式是名词的轻重模式，而"重轻中"和"中轻重"模式的差异主要表现在语体差异上，为什么这么说呢？因为我们注意到有一些例子，可能同时存在这两种轻重模式，如"碧油油"，当"油油"读阴平调时，为"重轻中"模式；当"油

油"读本调时，为"中轻重"模式。而"油油"读阴平时显然更口语化，读本调时显然更正式。

接下来看 BBA 的轻重模式。根据我们的统计，《现代汉语词典》（第 5 版）中共收录 BBA 类词条 28 例，其中 21 例是名词，剩下 7 个是形容词或动词，如"呱呱叫、刮刮叫、溜溜转、麻麻黑、麻麻亮、蒙蒙亮、团团转"。但奇怪的是，这里不论词性是名词、动词还是形容词，其轻重模式都是"中轻重"模式。

综上可知，ABB 主要有三种轻重模式，即"中轻重""重轻中"和"重中轻"，BBA 只有一种重音模式——"中轻重"。

（二）ABB 和 BBA 的韵律形态研究

由汉语的韵律形态这部分的研究可知，汉语的韵律形态可以囊括超音段形态所不能囊括的重叠，同时也可以用来解释为何重叠这一形态在实现时也会有词长限制。因此三音节重叠式 ABB 和 BBA 本身就已经体现了重叠这一形态。我们这里呢，重点要关注的是其轻重模式的形态功能。

轻重音的形态功能，其实汉语中的研究成果不少。因为汉语普通话中的重音也有区别语义、区分词和短语等语法功能。这里需要对语法功能和韵律形态做一个说明，曾经有匿名审稿人提出语法功能和韵律形态有何不同。应该说这其实是一个概念的两个不同的方面，比如前面我们介绍了汉语的韵律形态，指出韵律形态这个概念来源于超音段形态，但又比超音段形态的范围更大，更契合汉语。但不管怎样，韵律形态也是形态的一种分类。当我们在说形态的时候，主要看的就是一种语言单位在该种语言中有没有语法意义或语法功能，并且一般要具有刘丹青（1993）指出的类推性和强制性。因此语法功能应该是检验一个语言单位是否为形态手段的判定方式，所以语法功能不等于韵律形态，而只是韵律形态的判断方式。

关于轻重音的形态功能，王丽娟（2015）中有专门的介绍，我们这里重点看一下 ABB 和 BBA 的重音有没有形态功能。上面的研究指出，ABB 主要有三种轻重模式——"中轻重""重轻中"和"重中轻"，BBA 只有一种重音模式——"中轻重"。其中 ABB 为形容词时，其重音模式为"中轻重""重轻中"。当其为名词时，其重音模式为"重中轻"。这起码说明 ABB 的重音模式有区别词性的作用。下面呢，我们主要是论证"中轻重""重轻中"的语体差异问题。

关于 ABB 的语体分布，有人进行过专门的研究。邵敬敏（1990）研究指出北京口语中"ABB（的）"类形容词不常用，而普通话书面语中则常用。即使北京口语中，这些"ABB（的）"形容词也几乎都出现在描写性句子中。也即他认为 ABB 形容词有强烈的书面化趋向，为什么呢？他认为北京话中状态形容词形式多样，如 AABB、ABAB、BABA 等，而一旦进入普通话书面语，则都常被换成 ABB 式，原因其认为有四：一是有些太土的北京口语词，如"笑不滋儿、光出溜、咸不丝儿、晕打呼"没吸收进普通话中；二是 AA 重叠式的语义内涵没有 ABB 丰富，描写作用也没 ABB 那么强烈而鲜明；三是 ABB 比起 AABB 或 ABAB 来更符合语言精练的原则；四是 BA 或 AA 在语法功能和描写作用方面都不如 ABB，不仅如此，许多方言中简直没有 AA 的地位，凡北京话中用 AA 的方言中几乎都用 ABB 或 BBA 来代替，这不能不反过来又影响到普通话。其提出的四条原因，其实可以归纳为两条：一是北京话的一些土语词普通话中没有；二是 ABB 比 AA 的语义丰富，描写作用更强，又比 AABB 和 ABAB 精练。这里存在一些问题值得思考，邵先生的研究只能证明 ABB 在书面语中出现的频率要高于口语，对于第二条 ABB 的语义更丰富、描述性更强等方面没有具体的论述证明。

郑梦娟（2004）专门研究了 ABB 形容词的语体特征，将其放到具体的不同类型的言语作品中进行考察，从而发现 ABB 形容词具有艺术化倾向和鲜明的风格。ABB 的使用频率从高到低依次为艺术语体、谈话语体和科学语体，艺术语体的使用频率比谈话语体高出五分之二，比科学语体高出 23 倍。她认为艺术语体通常与形象思维相联系，总体的语言特点表现为感受性强。ABB 具有形象可感的特点，刚好符合艺术语体的要求。也即她认为 ABB 主要是形象描述性强。

由上可知，ABB 是一种描述性强的有强烈书面语化趋向的表达方式。根据我们的研究，ABB 有三种重音模式，其中作为形容词时有两种重音模式："中轻重"和"重轻中"。这两种重音模式，按照我们的推断有区分语体的作用。关键是如何证明其有区分语体的作用呢？上面提到的例子是"碧油油"，当其读阴平时，为"重轻中"模式。当其读本调时，为"中轻重"模式。

除了此类例子外，还有无别的例子呢？我们可以同义的"黑沉沉"和"黑洞洞"为例加以说明，"黑沉沉"为"中轻重"模式，"黑洞洞"为"重轻中"模式。下面来看其在语体中的分布情况。

我们分别在两个语料库中进行了考察，一个是中国传媒大学的媒体语言语料库，一个是北京大学中国语言学研究中心的现代汉语语料库。之所以选择中国传媒大学媒体语言语料库是因为媒体语言是有书面语特点的口语。之所以选择北京大学中国语言学研究中心现代汉语语料库是因为其主要都是书面语，我们主要选择其现代部分，因为当代部分语体分布比较复杂，现代主要是文学、剧本等。检索结果显示：中国传媒大学媒体语言语料库中，"黑沉沉"出现了4例，"黑洞洞"出现了11例。北京大学中国语言学研究中心现代汉语语料库中，"黑沉沉"共出现了14例，"黑洞洞"出现了12例。由此可知，"黑洞洞"比"黑沉沉"口语性更强一些。为了进一步在语料中验证"黑洞洞"的口语性，我们又专门检测了这两个词在北京语言大学口语语料库中的情况。两个词的检索结果都是0，这似乎验证了邵敬敏先生的研究，即ABB的书面化倾向。我们的推断是即使ABB整体具有书面化倾向，ABB内部也还会有不同的语体层级，这种层级必然反映到语音上，表现出其轻重音的不同。

郑梦娟（2004）也研究了不同ABB式形容词出现在谈话语体和艺术语体中的频率。谈话语体选取的是小说的对话、话剧、相声以及其他谈话类作品。艺术语体选取的是文艺散文和诗歌。她研究发现，两种语体使用的ABB形容词在BB的读音、性质以及ABB是否带"的"等方面也存在差异。读阴平的ABB在谈话语体中出现的频率为84%，高于艺术语体。谈话语体中ABB没有后附"的"的比率为23%，也高于艺术语体。BB是词缀的ABB式在谈话语体中的频率是艺术语体的两倍。她指出当BB

是叠音词缀时，常带有口语色彩。当 BB 是叠音的成词语素时，往往带有书面语色彩。由此她得出谈话语体比艺术语体要更口语化。

综上可知，ABB 是描述性强的书面化倾向的词，因此在纯粹的北京话口语语料库中出现的频率极低甚至不出现。但同为 ABB 重叠式，其也有不同的语体层级，有的出现在更口语一点的谈话语体中，有的出现在书面色彩浓一点的艺术语体中。与此同时，语体分布的不同也必然反映在重音模式上。从这个角度来说，ABB 的重音具有标记语体的作用。区分词性和标记语体，这就说明 ABB 的重音具有语法功能，因此 ABB 的重音具有形态的作用，属于汉语韵律形态。

第三节　三音节音步的语体属性

上面主要介绍了三音节音步轻重音在普通话、方言及少数民族语言中的研究概况，并专门研究了三音节重叠式的轻重音及其韵律形态，加深了我们对三音节音步轻重音问题的认识，也进一步论证了重音在汉语中的重要作用。这一节，我们主要介绍三音节音步的语体属性。首先指出三音节音步的语体属性即口语属性，这也是三音节音步的基本属性。

杨爱姣（2002）认为近代以来三音节词大量增加的根源是，由雅到俗的语体演变。其认为双音词与四字格虽能承受"俗"的语言，但在历代语言实践中更倾向于负荷"雅"的语言。三音节词则突破汉民族传统的思维模式与审美倾向，化严整为参差，变稳定为错落，更适合不拘一格、轻松活泼的口语语体。冯胜利（2010）指出：1+2 型悬差律具有诙谐的表意特征。所谓的"悬差律"指的是什么呢？冯胜利（2010）提出，悬差律是从音义对应关系的角度来表现文学语言的规律，揭示的是韵律结构（或声音）自身的表意属性。他的定义如下：

> 如果轻重的比差过于悬殊，其音律结构则赋有诙谐
> 的含意。

他认为悬差的节律在汉语中十分活跃，只是人们还未充分注意到它的存在和功能，试比较以下例子（选自冯胜利，2010）：

（3）泡蘑菇　　　消极怠工
　　　撒丫子　　　闻风而逃
　　　戴高帽　　　阿谀奉承

两组例子虽然意思差不多，但其表达的语体风格迥然不同：前者是口语形式，带有诙谐的味道；后者是正式的说法，含有严肃的意味。从韵律上分析，前者是 1+2，轻重悬殊；后者是 2+2，左右平衡。平衡的显庄重，悬差的寓诙谐。再如：

（4）清明时节雨纷纷，路上行人欲断魂。
　　　借问酒家何处有，牧童遥指杏花村。

将其改为三言以后：

（5）清明节，雨纷纷，路上人，欲断魂。
　　　问酒家，何处有，牧童指，杏花村。（选自冯胜利，2010）

显然改成三言以后，内容虽然没有变化，但是节律却让人感觉严肃不起来，正因如此，他认为汉语的三言更多用在如下语境中：

（6）小胖子，坐门墩，哭着喊着，要媳妇儿。

　　狼来了，虎来了，和尚背着个鼓来了。

　　哪儿藏，庙里藏，一藏藏出个小二郎。

　　打竹板，迈大步，眼前来到了棺材铺。

上面诗歌中的那种游戏、调侃和诙谐的味道，他认为正是从节律的"悬差"而来。

丁荣利（2008）也指出，与书面语相对，口语的特点是易懂易记、通俗易懂。口语中人们经常会选用一些形象、生动、活泼、轻松、通俗易懂的词语。现代汉语三音节词语亲切、自然，口语中经常使用，而三音节词语活泼的口语性主要是通过方言词语、叠字词、派生词语、惯用语等体现出来的。例如：

（7）方言词：吃豆腐、暗门子、笆篱子、二百五

　　叠字词：香饽饽、白花花、灰溜溜、小乖乖

　　派生词（带日常使用的口语化的词缀"－子、老－、小－、－家"等的三音节词语）：一家子、笔头子、老伙计、小年轻

　　惯用语：掏腰包、甩包袱、出洋相、拿主意

（选自丁荣利，2008）

我们从三音节词本身的韵律特征来看，叠字词、派生词和一部分方言词、惯用语的口语性还可以从其韵律特征上得到反证。从韵律特征上来看，叠字词、派生词和一部分方言词、惯用语的

韵律特征均为"重轻交替"，带有轻声。根据冯胜利（2006）所指出的，一般来说，凡是带（或趋向于）轻声的是口语的形式；凡是表达正式语体色彩的都没有轻声或不能轻读。可见，叠字词、派生词等具有口语的韵律特征，而与书面语词所要求的"等重"的韵律特征相悖。另一方面，三音节词的参差不齐打破了双音节和四字格的对称模式，更适合于口语化的通俗表达。三音节词具有顺口、顺耳、易记、易唱的特色，将生动诙谐、轻松明快的语用效果发挥得淋漓尽致。

不仅如此，三音节音步也可见于艺术语体等书面正式语体中。丁荣利（2008）认为大部分三音节词语具有表现力丰富、情态鲜明、诙谐通俗的特点，所以它们成了文艺语体经常使用的语言材料。他认为三音节叠字词可以使本来表现平平的词带有较强的修饰性和描绘性，可以把所描绘的人物、景色、状貌写得惟妙惟肖、生动逼真，使人读后如闻其声、如观其色、如见其形，产生身临其境的感觉，因而三音节叠字词长期大量地用于文艺语体，具有文艺语体色彩。

于灵子（2006）也曾统计了所选艺术语体的语料中出现在定语位置上的三音节形容词，于灵子将ABB式形容词分为两种基本类型，其一为并列型ABB式形容词，即该类ABB式形容词可以分解为AB+B，如"高挑挑"中"高挑"可以单说。其二为补充型ABB式形容词，即AB不可以单说，A是中心，BB是对A的有关方面做补充说明，如"黑黝黝"。关于三音节形容词与艺术语体的关联性，于灵子总结道："语料中出现的三音节形容词绝大部分是ABB式状态形容词，极具描写性和形象性，与艺术语

体的功能要求相适合，因此在艺术语体中屡有出现，其中补充型
ABB 式形容词出现数量过半。"由此也证明三音节叠字词具有文
艺语体色彩。关于这点本章第二节中也有相关论述，这里就不再
赘述。我们这里要强调的是三音节音步因为悬差而表现出来的明
显的口语属性。也正因如此，儿歌中广泛使用了三音节音步，如
大家熟知的"小白兔，白又白，两只耳朵竖起来。红眼睛，三瓣
嘴，爱吃萝卜爱吃菜"。正如上面指出的，三音节音步整体是口
语属性，但也有一些三音节音步，比如 ABB 重叠式也多用于艺
术语体等书面语体，这说明三音节音步语体属性的丰富性。所谓
研究，就是要找出共性，也要找出隐藏在共性中的个性。正如对
重叠式的研究一样，一般认为重叠式都是口语的，但是根据崔四
行（2012）和本章第二节的相关研究，我们了解到重叠式一般来
说是口语的，但并非所有的重叠式都是口语的。

　　以上我们主要介绍了三音节音步的轻重音和语体属性，了解
了其基本的重音模式及口语性。但由上面的分析我们也知道，相
对于双音节和四音节重音模式的研究，三音节重音模式的研究较
为薄弱。除了其基本的"中轻重"重音模式之外，还有一些 ABB
重叠式各自呈现出不同的重音模式，如"红彤彤、圆滚滚、傻乎
乎"，其中"傻乎乎"的重音模式就不同于"红彤彤"和"圆滚
滚"。而 BBA 的重音模式跟 ABB 的又有所不同，如"团团转、
晶晶亮、欣欣然"等。关于三音节音步的语体属性，也还有很多
值得商榷的地方，比如目前的语体研究，关于什么是口语、口语
的构词和句法特点是什么，还没有一套量化的完整的理论。近年
来，虽则语体研究越来越受到重视，但关注较多的是书面正式语

体，相关成果如冯胜利（2006）、贺阳（2008）、孙德金（2012）、崔山佳（2013）等。如果要推进三音节音步的语体属性的研究，相应地就需要深入挖掘口语语体的特点。

思考与练习 ────────────────────────

1. 你认为汉语是否有重音？如果有请说明重音在汉语中的作用。

2. 你认为重叠是否是汉语中的典型形态，理由是什么？试比较古汉语重叠和现代汉语重叠的不同作用。

7

结　语

结语部分仍借用冯胜利、王丽娟（2013a）的总结：

> 章太炎《国故论衡》、黄侃《文心雕龙札记》、郭绍虞《中国语词之弹性作用》等早已论及。之后陆宗达和俞敏（1954）、吕叔湘（1963）、张国宪（1989）、启功（1991）等开始从语言学角度讨论汉语韵律与语法的关系问题。然而汉语韵律构词学的确立和研究却是20世纪90年代以后的事情。王洪君（1996、2001、2004）、陆丙甫（1989）、Duanmu（1997、1999、2004）、端木三（1997、1999、2000）、吴为善（2003a、2003b、2005）、Lu和Duanmu（2002）等都做过大量的工作。从1996年、1997年开始，冯胜利进一步把韵律对词法的制约当作汉语语言学研究中的一个独立层面提出并加以专门、系统的研究。

仍然借用这一段文字，不仅为了首尾呼应，更重要的是这段话确实阐述清楚了汉语韵律研究的脉络。研究都是一步步走过来的，如果没有老一辈学者对汉语韵律问题的发现、探索，没有他们对国外音系学、句法学理论精髓的掌握，没有青年一代学者的前赴后继，汉语韵律研究很难能走到今天。就像我的每一步成长，都离不开恩师冯胜利先生的指导和帮助一样。写到结语部分，总是不免心生感慨。

汉语的三音节韵律问题研究，时间跨度很大，从 1938 年到 2018 年。理论流派很多，从辅重论到"左向造语、右向构词"论，再到松紧匹配论和语义决定论，各有侧重点，各有优缺点。研究范围很广，从三音节音步的韵律特征到韵律构词形态、句法形态、历史起源、文体属性以及语体属性，涉及的范围非常广，有音系的、句法的、构词的、文体的、语体的。所以我一拿到这个题目，就开始不停地思索究竟介绍哪些方面，怎么介绍才清楚，最终确定了目前的章节。即首先介绍汉语韵律研究的脉络，介绍较早时期郭绍虞先生和吕叔湘先生的研究，让大家可以了解汉语韵律研究的萌芽阶段。然后第二章主要介绍汉语的音步类型，到底是轻重型还是松紧型，汉语的音步到底是音节音步还是韵素音步，汉语的音步有何基本的韵律特征，等等，这些都是汉语音系学问题。第三章介绍三音节音步的韵律构词形态，是本书的核心章节，之所以是核心章节，并不是说别的章节不重要，而是因为这一章的内容学界关注最多，研究者也最多。从历史的研究脉络中可以看出，对单双音节搭配的研究是早期萌芽时期首先关注的。因此后来学界的研究很多都是基于单双音节搭配而展开的，只是理论不同、方法不同。第四章是三音节音步的句法形态研究，主要回答了三音节音步句法层面的一些疑难问题，如汉语三音节为何不能重叠，三音节动词为何不能带宾语，以及特定句法结构中三音节音步的特殊韵律要求等。第五章主要从历史的角度介绍三音节音步的起源，同时结合诗歌中的三言来说明三音节音步和诗歌之间的同步发展。第六章是对轻重音问题及语体问题的研究。应该说，这六章的介绍让大家既了解了汉语音步的基本常识，也了解了三音节音步中备受关注的单双音节搭配问题。

　　汉语韵律研究的探索如果从郭绍虞（1938）开始算起的话，已有 80 年的历史了。这期间，汉语韵律的研究可谓成果丰富。除韵律构词、韵律句法等基础韵律问题的研究成果外，还有韵律与其他学科交叉部分的研究成果，以及韵律文体学、韵律语体学等方面的成果，而三音节音步的研究可谓贯穿始终，见证了汉语韵律研究的一路成长。正如上面所指出的，三音节音步研究的领域很广，涉及三音节音步的一般韵律特征及韵律构词形态，这里主要解释了三音节音步的基本特点以及学界关注的三音节内部的音节搭配问题。涉及三音节音步的韵律形态，这里既介绍了韵律构词形态，又介绍了韵律句法形态，主要回答了为什么韵律可以制约句法的内在根源。关于三音节音步的历史来源及其文体属性，这里也给出了回答。从其历史来源，可了解古音韵律结构的不同及转型；从其文体属性，可知三音节音步和三言诗、五言诗的关系。本书同时也探讨了三音节音步的轻重音问题及其语体属性。由此可知三音节音步的研究几乎是贯穿整个汉语韵律句法研究的核心内容，了解了本书所介绍的"汉语三音节韵律问题研究"，可以加深大家对汉语韵律句法研究若干问题的理解。这里引用邱金萍（2013）对现代汉语三音节研究必要性的总结：

　　　　首先，现代汉语三音节结构既包含了典型的词汇词，也包含了典型的短语。前者如"黑乎乎、安全岛、马克思"，后者如"种大蒜、刚处理、绿毛衣"。

　　　　其次，三音节结构包含了各种句法关系，既有"附加语＋中心语"结构，又有"中心语＋补述语"结构。

第三，现代汉语三音节结构包含各种词汇类型。"索马里、马克思"是音译词，999是数字串，"鲁鲁普"是无意义字串，"安全岛、种植牙"是组合方式构词，"红通通、黑乎乎"是词根加词缀派生构词，"炒冷饭、铁公鸡"具有成语性，等等。

第四，现代汉语的三音节结构，也涵盖了汉语韵律因素的各种基本因素。目前的研究普遍认为汉语韵律因素包含两个方面，一为重音，一为音节组合模式（音步模式）。三音节结构可以表现为 1+2 式，或者 2+1 式，一方面，这是音节组合模式；另一方面，双音节重于单音节，这也是重音。所以，韵律与语法关系所涉及的各种韵律表现，三音节结构已经全部体现。

第五，韵律语法研究所关注的语言现象主要包括两个方面：一是成分组合，一是语序变化。三音节结构几乎涵盖了与成分组合相关的主要韵律语法问题。"成分组合"现象，如"收徒"可以和"少林寺"组合，"种植"不可以与单音节"树"组合，"煤"不能与"商店"组合，等等；"语序变化"现象，如"大汉语词典／汉语大词典""四川北路/北四川路""纸张粉碎机/粉碎纸张机"等结构中的成分语序变动限制。

最后，因为三音节结构大于一个标准音步的长度，这类结构还涵盖了探讨现代汉语中音步模式及音步模式对词汇形式影响的各种现象。

　　综上可以看出，三音节结构其作为词和短语的共融形式，基本囊括了受韵律影响或体现韵律标识作用的各种语言现象。因此三音节结构备受关注也就是理所当然的了，而我们的研究也正是基于以上原因。

　　正如崔四行（2012）指出的那样，三音节结构相关研究成果很多，相关理论也很多，如辅重原则、深重原则、韵律构词原则等，出现了不同的研究角度和研究学派。有的从句法角度切入，有的从语义角度切入，有的从韵律和句法结合的角度切入，但同时这些学派也都面临着各自的挑战。此外，还有一些遗留问题，如定中结构为何1+2是优势节律，以及三音节音步的轻重模式、三音节音步的语体属性、"时标韵律"汉语的句重音走向等问题，都还有待更深入的研究。本书一则是起一个总结介绍的作用，二则也是抛砖引玉，提出一些有待解决的问题，希望让更多的人开始关注汉语的三音节韵律问题。

参考文献

[1] 包智明、侍建国、许德宝. 生成音系学理论及其应用 [M]. 北京：中国社会科学出版社，1997.

[2] 陈建民. 汉语里的节奏问题 [J]. 语言教学与研究，1979（7）：60-69.

[3] 陈渊泉.汉语方言的连续变调模式[M].北京：外语教学与研究出版社，2001.

[4] 程湘清. 两汉汉语研究 [M]. 山东：山东教育出版社，1992.

[5] 崔山佳. 汉语欧化语法现象专题研究 [M]. 四川：巴蜀书社，2013.

[6] 崔四行. 三音节结构中副词、形容词、名词作状语研究 [D]. 北京：北京语言大学博士学位论文，2009.

[7] 崔四行.三音节状中结构中韵律与句法的互动研究 [M]. 北京：中国社会科学出版社，2012.

[8] 崔四行.从 ABAB、AABB 重音模式的句法功能看汉语的韵律形态 [J]. 语言教学与研究，2012（5）：63-68.

[9] 邓丹、石锋、吕士楠. 普通话双音节韵律词的时长特性研究 [R]. 第七届中国语音学学术会议，北京，2006.

[10] 丁荣利. 论现代汉语三音节词语及其修辞功能 [D]. 北京：北京语言大学硕士学位论文，2008.

[11] 董秀芳. 述补带宾句式中的韵律制约 [J]. 语言研究，1998（1）：55-62.

[12] 端木三. 从汉语的重音谈语言的共性与特性 [A]. 中国语言学论丛（第 1 期）[C]. 北京：北京语言文化大学出版社，1997.

[13] 端木三. 重音理论和汉语的词长选择 [J]. 中国语文，1999（4）：246-254.

[14] 端木三. 汉语的节奏 [J]. 当代语言学，2000（4）：203-209.

[15] 端木三. 重音、信息和语言的分类 [J]. 语言科学，2007（5）：3-16.

[16] 端木三. 重音理论及汉语重音现象 [J]. 当代语言学，2014（3）：288-302.

[17] 端木三. 音步和重音 [M]. 北京：北京语言大学出版社，2016.

[18] 冯胜利. 论汉语的韵律词 [J]. 中国社会科学，1996（1）：161-176.

[19] 冯胜利. 论汉语的"自然音步"[J]. 中国语文，1998（1）：40-47.

[20] 冯胜利. 汉语韵律句法学 [M]. 上海：上海教育出版社，2000.

[21] 冯胜利. 韵律词与科学理论的构建 [J]. 世界汉语教学，2001a（1）.

[22] 冯胜利. 论汉语"词"的多维性 [J]. 当代语言学，2001b（3）：161-174.

[23] 冯胜利. 动宾倒置与韵律构词法 [J]. 语言科学，2004（3）.

[24] 冯胜利. 汉语韵律语法研究 [M]. 北京：北京大学出版社，2005.

[25] 冯胜利. 论三音节步的历史来源与秦汉诗歌的同步发展 [A]. 语言学论丛（第三十七辑）[C]. 北京：商务印书馆，2006.

[26] 冯胜利. 汉语书面用语初编 [M]. 北京：北京语言大学出版社，2006.

[27] 冯胜利. 论汉语韵律的形态功能与句法演变的历史分期 [A]. 历史语言学研究（第二辑）[C]. 北京：商务印书馆，2009.

[28] 冯胜利. 汉语的韵律、词法与句法（修订本）[M]. 北京：北京大学出版社，2009.

[29] 冯胜利. 论语体的机制及其语法属性 [J]. 中国语文，2010（5）：400-412.

[30] 冯胜利. 韵律句法学研究的历程与进展 [J]. 世界汉语教学，2011（1）：13-31.

[31] 冯胜利. 汉语诗歌研究中的新工具与新方法[J]. 文学遗产，2013b（2）：144-154.

[32] 冯胜利.《离骚》的韵律贡献——顿叹律与抒情调 [J]. 社会科学论坛，2014（2）：24-36.

[33] 冯胜利. 北京话是一个重音语言 [J]. 语言科学，2016（5）：449-473.

[34] 冯胜利. 汉语句法、重音、语调相互作用的语法效应 [J]. 语言教学与研究，2017（3）。

[35] 冯胜利、王丽娟. 韵律构词学和韵律句法学的研究 [A]. 语言学（西方人文社科前沿述评）[C]. 北京：中国人民大学出版社，2013a.

[36] 葛晓音. 论汉魏三言体的发展及其与七言的关系 [J]. 上海大学学报（社会科学版），2006（3）：57-63.

[37] 郭绍虞. 中国语词之弹性作用 [J]. 燕京学报，1938（24）：1-34. 又载于《照隅室语言文字论集（郭绍虞文集之二）》[C]. 上海：上海古籍出版社，1985：73-111.

[38] 贺阳. 现代汉语欧化语法现象研究 [J]. 世界汉语教学，2008（4）：16-31.

[39] 洪爽. 现代汉语副动搭配及相关结构的韵律研究 [D]. 北京：北京大学博士学位论文，2009.

[40] 呼东东. 现代汉语三音节词研究 [D]. 保定：河北大学硕士学位论文，2007.

[41] 呼和. 蒙古语词重音问题 [J]. 民族语文，2007（4）：58-67.

[42] 胡炳忠."三声"变调及其教学[J]. 语言教学与研究（试刊第一集），1977.

[43] 胡炳忠. 三声三字组的变调规律 [J]. 语言教学与研究, 1985 (1):
13-22.

[44] 江海燕、刘岩、卢莉. 维吾尔语词重音实验研究 [J]. 民族语文, 2010
(3): 67-71.

[45] 蒋平. 荔浦方言的轻重音与连读变调 [J]. 方言, 2005 (3): 198-208.

[46] 蒋平、郎大地. 南京话形容词重叠的声调与重音 [J]. 汉语学报, 2004
(2): 35-41.

[47] 蒋平、谢留文. 南昌县 (蒋巷) 方言的轻重音与变调 [J]. 方言, 2001
(2): 152-160.

[48] 柯航. 现代汉语单双音节搭配研究 [D]. 北京: 中国社会科学院研
究生院博士学位论文, 2007.

[49] 柯航. 现代汉语单双音节搭配研究 [M]. 北京: 商务印书馆, 2012.

[50] 匡腊英. "V 双 +N 单"的性质及表示偏正关系的优势 [J]. 华南农业
大学学报 (社会科学版), 2006 (3): 95-98.

[51] 李兵、贺俊杰、汪朋. 锡伯语三音节词重音的实验语音学研究 [J].
民族语文, 2014 (2): 71-81.

[52] 林焘. 语音探索集稿 [C]. 北京: 北京语言学院出版社, 1990.

[53] 刘丹青. 汉语形态的节律制约——汉语语法的"语音平面"丛论之
一 [J]. 南京师范大学学报, 1993 (1).

[54] 刘丹青. 词类和词长的相关性——汉语语法的"语音平面"丛论之
二 [J]. 南京师范大学学报, 1996 (2): 112-119.

[55] 刘娟、李如龙. 衡山方言的轻重音及与其有关的变调 [J]. 湘潭大学学
报 (哲学社会科学版), 2014 (2): 113-117.

[56] 刘一杉. 韩国留学生汉语三字组部分韵律特征的表达状况研究 [J].
语言教学与研究, 2012 (4): 16-21.

[57] 卢甲文. 关于三个上声连读变调问题的商榷 [J]. 语言教学与研究，1979（2）：47-59.

[58] 陆丙甫. 语言结构的外向、内向分类及核心的定义 [A]. 语法研究和探索（三）[C]. 北京：北京大学出版社，1985.

[59] 陆丙甫. 结构、节奏、松紧、轻重在汉语中的相互作用 [J]. 汉语学习，1989（8）：25-29.

[60] 陆宗达、俞敏. 现代汉语语法 [M]. 上海：群众书店，1954.

[61] 吕叔湘. 论底、地之辨及底字的由来 [A]. 汉语语法论文集 [C]. 北京：商务印书馆，1943：122-131.

[62] 吕叔湘. 现代汉语单双音节问题初探 [J]. 中国语文，1963（1）：10-22. 又载于吕叔湘文集（第 2 卷）[M]. 北京：商务印书馆，2004：399-428.

[63] 吕叔湘、饶长溶. 试论非谓形容词 [J]. 中国语文，1981. 又载于吕叔湘全集（第 2 卷）[M]. 沈阳：辽宁教育出版社，2002：342-343.

[64] 潘文国等. 汉语的构词法研究 [M]. 上海：华东师范大学出版社，2004.

[65] 祁世明. 汉语新词 ABB 结构的变异成因和语义分析 [J]. 滁州学院学报，2011（1）：90-92.

[66] 邱金萍. 现代汉语三音节结构的韵律研究 [D]. 北京：北京语言大学博士学位论文，2013.

[67] 邵敬敏. ABB 式形容词动态研究 [J]. 世界汉语教学，1990（1）：19-26.

[68] 沈家煊. "在"字句和"给"字句 [J]. 中国语文，1999（2）：96-98.

[69] 石毓智. 试论汉语的句法重叠 [J]. 语言研究，1996（2）：4-5.

[70] 松浦友久. 中国诗歌原理 [M]. 辽宁：辽宁教育出版社，1990.

[71] 孙德金. 现代汉语书面语中文言语法成分的界定问题[J]. 汉语学习, 2012（6）：3-11.

[72] 孙玉文. 上古汉语四声别义例证 [J]. 古汉语研究, 1993（1）：73-79.

[73] 王灿龙. 句法组合中单双音节选择的认知解释 [A]. 语法研究与探索（十一）[C]. 北京：商务印书馆, 2002：151-168.

[74] 王洪君. 汉语语音词的韵律类型 [J]. 中国语文, 1996（3）：167-171.

[75] 王洪君. 汉语的韵律词和韵律短语 [J]. 中国语文, 2000（6）：525-536.

[76] 王洪君. 音节单双、音域展敛（重音）与语法结构类型和成分次序 [J]. 当代语言学, 2001（4）：241-252.

[77] 王洪君. 试论汉语的节奏类型——松紧型 [J]. 语言科学, 2004（3）：21-28.

[78] 王洪君. 汉语非线性音系学（增订版）[M]. 北京：北京大学出版社, 2008.

[79] 王丽娟. 从名词、动词看现代汉语普通话双音节的形态功能 [D]. 北京：北京语言大学博士学位论文, 2009.

[80] 王丽娟. 汉语的韵律形态 [M]. 北京：北京语言大学出版社, 2015.

[81] 王茂林. 普通话自然话语的韵律模式 [D]. 北京：中国社会科学院研究生院博士学位论文, 2003.

[82] 王启龙. 现代汉语形容词计量研究 [M]. 北京：北京语言大学出版社, 2003.

[83] 王砚文.《现代汉语词典》（第5版）中三音节词语的语体色彩研究[J]. 现代语文（语言本体研究版）, 2012：19-21.

[84] 王永娜. 谈韵律、语体对汉语表短时体的动词重叠的制约 [J]. 语言

科学，2008（6）：636-646.

[85] 吴为善. 现代汉语三音节组合规律初探 [J]. 汉语学习，1986（5）：1-2.

[86] 吴为善. 论汉语后置单音节的粘附性 [J]. 汉语学习，1989（1）：16-19.

[87] 吴为善. 汉语节律的自然特征 [J]. 上海师范大学学报，2003（2）：100-106.

[88] 吴为善. 双音化、语法化和韵律词的再分析[J]. 汉语学习，2003（2）：8-14.

[89] 吴为善. 平仄律、轻重音和汉语节律结构中"弱重位"的确认 [J]. 语言研究，2005（3）：90-94.

[90] 吴为善. 汉语韵律句法探索 [M]. 上海：学林出版社，2006.

[91] 吴宗济. 普通话三字组变调规律 [J]. 中国语言学报，1984（2）：70-92.

[92] 薛红. 后项虚化的动补格 [J]. 汉语学习，1985：4-5.

[93] 颜景助、林茂灿. 北京话三字组重音的声学表现 [J]. 方言，1988：1-4.

[94] 杨爱姣. 近代汉语三音词的修辞特点 [J]. 江汉大学学报，2002（2）：21-26.

[95] 杨爱姣. 近代汉语三音词研究 [M]. 武汉：武汉大学出版社，2005.

[96] 杨红军. 维吾尔语新闻广播中双音节及三音节词重音声学特性分析 [D]. 乌鲁木齐：新疆师范大学硕士学位论文，2010.

[97] 叶军. 现代汉语节奏研究 [M].上海：上海书店出版社，2008.

[98] 于灵子. 科技语体和艺术语体中定语位置上的形容词的差异研究 [D]. 广州：暨南大学硕士学位论文，2006.

[99] 张国宪. "动＋名"结构中单双音节动作动词功能差异初探 [J]. 中国语文，1989（3）：186-190.

[100] 张国宪. 单双音节动作动词搭配功能差异研究 [J]. 上海师范大学学报（哲学社会科学版），1990（1）：141-145.

[101] 张国宪. 单双音节形容词的选择性差异 [J]. 汉语学习，1996(3)：3-9.

[102] 张国宪. 形名构造奇偶组配的语义·句法理据 [J]. 世界汉语教学，2004（4）：5-17.

[103] 张国宪. 形名组合的韵律组配图式及其韵律的语言地位 [J]. 当代语言学，2005（1）：35-52.

[104] 张国宪. 现代汉语形容词功能与认知研究[M]. 北京：商务印书馆，2006.

[105] 张洪明. 韵律音系学与汉语韵律研究中的若干问题 [J]. 当代语言学，2014（3）：303-327.

[106] 赵璞嵩. 从"吾""我"的互补分布看上古汉语韵素的对立 [D]. 香港：香港中文大学博士学位论文，2014.

[107] 赵元任. 中国话的文法 [M]. 香港：香港中文大学出版社，1968.

[108] 郑梦娟. ABB 式形容词的语体特征分析 [J]. 修辞学习，2004（6）：56-57.

[109] 郑玉玲、鲍怀翘. 蒙古语三音节词韵律模式 [A]. 新世纪的现代语音学——第五届全国现代语音学学术会议论文集 [C]. 北京：清华大学出版社，2001.

[110] 中国社会科学院语言研究所词典编辑室编. 现代汉语词典（第 5 版）[M]. 北京：商务印书馆，2005.

[111] 周荐. 论四字语和三字语 [J]. 语文研究，1997（4）：26-31.

[112] 周荐. 三字组合与词汇单位的确定 [J]. 语言科学，2003（5）：46-55.

[113] 周荐. 论词汇单位及其长度 [J]. 语言教学与研究，2006（1）：35-41.

[114] 周韧. 现代汉语韵律与语法的互动关系研究 [D]. 北京：北京大学博士学位论文，2006.

[115] 周韧. 论韵律制约句法移位的动因和手段 [J]. 世界汉语教学，2010（1）：18-25.

[116] 周上之. 论 2+1 动宾式的字辞关系——对韵律语法的一点质疑 [J]. 汉语学习，2013（4）：21-28.

[117] 周祖谟. 问学集 [M]. 北京：中华书局，1966：81-119.

[118] 祖丽皮亚·阿曼、艾斯卡尔·艾木都拉、地里木拉提·吐尔逊. 维吾尔语三音节词韵律特征声学分析 [J]. 计算机应用，2009（7）：2032-2034.

[119] Burizio, Luigi. *Principles of English Stress* [M]. Cambridge: Cambridge University Press, 1994.

[120] Chao, Yuen Ren. *A Grammar of Spoken Chinese* [M]. California: University of California Press, 1968.

[121] Chen, Matthew Y. *Tone Sandhi: Patterns across Chinese Dialects* [M]. Cambridge: Cambridge University Press, 2000.

[122] Chomsky, Noam, Morris Halle and Fred Lukoff. *On Accent and Juncture in English* [C]. The Hague: Mouton, 1956.

[123] Cinque, Guglielmo. A null theory of phrase and compound stress [J]. *Linguistic Inquiry* 24 (1993): 239-297.

[124] Duanmu, San. A formal study of syllable, tone, stress and domain

in Chinese languages [J]. *Journal of China University of Mining & Technology* 30.2 (1990): 181-184.

[125] Duanmu, San. Rime length, stress, and association domains [J]. *Journal of East Asian Linguistics* 2 (1993): 1-44.

[126] Duanmu, San. Phonologically motivated word order movement: evidence from Chinese compounds [J]. *Studies in the Linguistic Sciences* 27 (1997): 49-78.

[127] Duanmu, San. Wordhood in Chinese [A]. *New Approaches to Chinese Word Formation: Morphology, Phonology and the Lexicon in Modern and Ancient Chinese* [C]. Ed. J. Packard. Berlin: Mouton de Gruyter, 1998. 135-196.

[128] Duanmu, San. Metrical structure and tone: evidence from Mandarin and Shanghai [J]. *Journal of East Asian Linguistics* 8 (1999): 7-28.

[129] Duanmu, San. *The Phonology of Standard Chinese* [M]. Oxford: Oxford University Press, 2000.

[130] Duanmu, San. The tone-syntax interface in Chinese: some recent controversies [R]. *Proceedings of the Symposium "Cross-Linguistic Studies of Tonal Phenomena: Historical Development, Tone-Syntax Interface, and Descriptive Studies"*, Tokyo, 2005.

[131] Feng, Shengli. *Prosodic Structure and Prosodically Constrained Syntax in Chinese* [D]. PhD dissertation, University of Pennsylvania, 1995.

[132] Feng, Shengli. Prosodically determined word-formation in Mandarin Chinese [J]. *Social Sciences in China* 4 (1997): 120-137.

[133] Feng, Shengli. *Prosodic Morphology in Mandarin Chinese* [M]. New York: Routledge, 2018.

[134] Fry, D. B. Experiments in the perception of stress [J]. *Language and Speech* 1 (1958): 126-152.

[135] Hale, K. and S. J. Keyser. On argument structure and the lexical expression of syntactic relations [A]. *The View from Building 20: Essays in Linguistics in Honor of Sylvain Bromberger* [C]. Cambridge, MA: MIT Press, 1993.53-109.

[136] Hale, K. and S. J. Keyser. A response to Fodor and Lepore, "Impossible words?"[J]. *Linguistic Inquiry* 30 (1999): 453-466.

[137] Huang, C.-T. James. Phrase structure, lexical integrity, and Chinese compounds [J]. *Journal of Chinese Language Teachers Association* 19 (1984): 53-78.

[138] Huang, C.-T. James. *Wo pao de kuai* and Chinese phrase structure [J]. *Language* 64 (1988): 274-311.

[139] Lu, Bingfu. A comparison between English and Chinese parsing based on simultaneous chunking [R]. *Proceedings of International Conference on Computer Processing of Chinese and Oriental Languages*, Taipei, 1991.

[140] Lu, Bingfu and San Duanmu. A case study of the relation between rhythm and syntax in Chinese [R]. Paper presented at the Third North America Conference on Chinese Linguistics, Ithaca, NY, 1991.

[141] Lu, Bingfu and San Duanmu. Rhythm and syntax in Chinese: a case study [J]. *Journal of Chinese Language Teachers Association* 37 (2002): 123-136.

[142] Selkirk, Elisabeth. *Phonology and Syntax: The Relation between Sound and Structure* [M]. Cambridge, MA: MIT Press, 1984.

[143] Shih, Chilin. *The Prosodic Domain of Tone Sandhi in Chinese* [D]. PhD dissertation, University of California at San Diego, 1986.

[144] Sybesma, R. *The Mandarin VP* [M]. Dordrecht: Kluwer Academic Publications, 1999.

[145] Xu, Yi. Pitch targets and their relation: evidence from Mandarin [J]. *Speech Communication* 33 (2001): 319-337.

后　记

从拿到冯老师分配的书稿任务到现在将近五个年头了，感慨良多。写书的分量，在我看来是很重的。写书就像孕育新生命一样，要经过十月怀胎的酝酿，日日夜夜的辛勤付出和无数次的痛并快乐着，所以接下任务的那一刻，我就做好了打一场硬仗的准备，只是没想到会是这么久。期间几经易稿，终于敲定。过程中恩师冯胜利先生对书稿几番修改润色，丛书专家组也提出了很多中肯的意见，都给了我很大启发，促使我重新思考，一次次推翻重来。

无数次的彷徨，无数次的求索，虽尚未尽善尽美，但努力完善的脚步却从未停止。这本小书，里面有一些是读博士期间就开始思考的问题，比如三音节音步的韵律构词形态，这也是当时研究的热点。如何有所突破，如何发现旁人没发现的三音节韵律问题，这需要敏锐的洞察力，更需要钻研的精神。每天，除了吃饭、睡觉，基本就在办公室啃书、看文献、找例子，经历了无数次的百思不得，无数次的内心破灭。努力之后幸运之神终于眷顾，我发现了"我深深呼吸了一口新鲜空气"和"* 我深呼吸了一口新鲜空气"的对立。之后便犹如打开了一扇窗，我挖掘出一大批与此有关的有趣现象，直至写完博士论文。也正是在这个探索的过程中，我对三音节韵律构词形态有了深入的了解，由此得以写成了本书核心的第三章和第四章。

毕业之后，又观察到了汉语中的重音现象，如陆宗达、俞敏

（1954）提到的"等他（水）开开儿再说""我给您来碗开开儿的
（水）"，两个"开开"重音不同，词性也不同。顺着这个线索，
又发现了 AA 重叠式的有趣现象。这得从文学院严辉老师女儿的
小名开始说起，严辉老师的女儿小名叫"北北"，一个长相酷似
严老师、活泼又可爱的小姑娘。我发现有人叫她"北北"（第一个
"北"三声，第二个"北"轻声），有人叫她"北北"（两个三声
连读，第一个变为阳平）。有一次见了她，我逗她："叫你 Běibei
呢还是 Béiběi 呢？"她吐了吐舌头说："都行呗。"她的"都行
呗"，引发了我的进一步思考。我以此为例深入研究，最终发现，
两者都可以，但是有使用场合的不同。Běibei 是口语中私下叫的。
Béiběi 是点名时课堂上用的。但问题又来了，是不是所有的 AA
重叠式都有类似用法呢？我马上就发现了不同，这还要感谢我的
一位学生，她叫"敬笑笑"，一个长着白嫩面庞的爱笑的女孩儿。
我发现课堂上点名时，反而要轻读第二个"笑"，这和"北北"
情况不同。问题越来越复杂了，也越来越有趣了。

　　之后我们顺着这个思考方向又考察了大量的汉语 AA 重叠式，
还考察了 ABAB 和 AABB 重叠式的重音。而对 ABAB 和 AABB
的考察要直接得益于冯老师 1997 年出版的那本《汉语的韵律、
词法与句法》。里面有个例子，我上课一直拿来用，每次都引得
学生哄堂大笑。新闻播报中出现国家名时，比如"尼加拉瓜"，
重音怎么读呢？是读成"守株待兔"那样，还是读成"乱七八
糟"那样？何去何从？当我们用"乱七八糟"的重音来读"尼加
拉瓜"时喜剧效果出来了，让人忍俊不禁。为什么呢？很简单，
场合搞错了，重音搞错了。但是如果不进行研究，你不会知道错
在哪儿，只是觉得好笑。中文是有趣的，语言研究也可以很有

趣，就看你有没有一双发现有趣现象的眼睛。我们经过对这部分内容的观察和后来的深入研究申请了一个课题，专门研究汉语重叠式的重音模式及其韵律形态问题，这部分研究如今也成了这本书成果的一部分。所谓"千里之行，始于足下"，这是告诉我们语言研究是一个积累的过程。所谓"抬头是山，路在脚下"（邢福义先生语），是告诉我们既要脚踏实地，又要不畏艰难，看得远。语言研究不就是这样吗？来源于对生活的细致观察，同时又有脚踏实地的不断探索，克服重重障碍，终将攀登高山。

写后记总是让人感慨万千，特别想要感谢一路走来给予我帮助的人。首先要感谢我的妈妈和三个姐姐，感谢她们在我写作过程中给我的支持，以及父亲走后这么多年的默默付出。第二个要感谢的是我的硕导张民权老师。张老师于我，亦师亦友。硕士时机缘巧合下读了音韵学，这使我在广播学院看上去像个异类。当别人醉心于练嗓子、做节目、在马路上演话剧时，我拿着《广韵》在搜集韵部、制作韵图。但这段经历带给了我很多的磨砺，让我敢于做"异类"并享受这种做"异类"的感觉。最后要特别感谢我的博导冯胜利老师。先生的谆谆教诲，始终像我心里的一盏明灯，为我指引方向，帮我驱散黑暗，所以走得慢，没关系；暂时走偏了，也不怕。那盏灯就在那里照耀着我，我只要不停地往前走，就会离目标越来越近。

谨以此书献给所有爱我的人和我爱的人，谢谢我的爱人在我犹豫不决是否接下这个书稿任务时给我的坚定；谢谢姑姐杨倩多次牺牲个人时间请假来帮我带孩子；也谢谢我的女儿，让我有幸和她，还有这本书，一起成长……

崔四行

2018 年 4 月